Hitler e o nazismo

Hitler e o nazismo

DICK GEARY

Tradução de
Alexandre Kappaun

PAZ E TERRA

© 2000 Dick Geary. All Rights Reserved.
Authorised translation from the English language edition published by Routledge, a member of the Taylor & Francis Group.

Traduzido do original em inglês: Hitler and Nazism, second edition.

Tradução: Alexandre Kappaun
Revisão técnica: Michael Hall
Preparação: Paulo Gil Ferreira
Revisão: Simone Zac
Composição: Acqua Estúdio Gráfico
Capa: Mirian Lerner
Imagem de capa: *Der Bannerträger*, Hubert Lanzinger (c. 1935). United States Holocaust Memorial Museum; Washington D.C.

CIP-BRASIL. CATALOGAÇÃO NA FONTE
SINDICATO NACIONAL DOS EDITORES DE LIVROS, RJ.

G261h

Geary, Dick
  Hitler e o nazismo / Dick Geary ; tradução de Alexandre Kappaun. – São Paulo : Paz e Terra, 2010.
  120p.

  Tradução de: Hitler and nazism, 2nd ed
  Inclui bibliografia
  ISBN 978-85-7753-123-3

  1. Hitler, Adolf, 1889-1945. 2. Chefes de Estado – Alemanha – Biografia. 3. Nazismo – História. 4. Alemanha – Política e governo – 1918-1933. 5. Alemanha – Política e governo – 1933-1945. I. Título.

10-1248.

CDD: 943.086
CDU: 94(43)"1918/1945"

018206

Editora Paz e Terra Ltda.
Rua do Triunfo, 177
Santa Ifigênia, São Paulo, SP — CEP 01212-010
Tel.: (11) 3337-8399
E-mail: vendas@pazeterra.com.br
Home page: www.pazeterra.com.br
2010
Impresso no Brasil / Printed in Brazil

Sumário

Prefácio à segunda edição   7

Glossário e lista de abreviações   9

1. Hitler: o homem e suas ideias   11

2. A República de Weimar e a ascensão do nazismo   24

3. O Estado nazista e a sociedade   54

4. Guerra e destruição   92

Conclusão   111

Referências bibliográficas   113

Prefácio à segunda edição

No final de janeiro de 1933, Adolf Hitler foi nomeado chanceler alemão. Em um intervalo de poucos meses, seu Partido Nacional Socialista dos Trabalhadores Alemães (NSDAP, em alemão) – os nazistas – tinha suspendido as liberdades civis, destruído quase todas as organizações econômicas, sociais e políticas independentes, e estabelecido um sistema de partido único. O Estado alemão perseguiu muitos dos seus próprios cidadãos, começando pelos oponentes políticos dos nazistas, os comunistas e social-democratas. A partir dali, os portões das prisões e dos campos de concentração ficaram abertos para receber outros "indesejáveis": delinquentes, os "avessos ao trabalho", vagabundos, "criminosos habituais", homossexuais, maçons, testemunhas de Jeová e – mais notoriamente – ciganos e judeus. Em 1939, o Terceiro Reich desencadeou o que se tornou, especialmente no seu *front* oriental, uma guerra de um barbarismo e um morticínio quase sem iguais. Ademais, enquanto aproximadamente 70.000 doentes mentais e enfermos incuráveis eram assassinados no programa de "eutanásia", várias organizações do Estado, partido e exército deram início à tentativa de exterminação dos judeus europeus nas câmaras de gás de Auschwitz, Treblinka, Madianek e Sobibor.

Com esse histórico, não é de surpreender que a ascensão do nazismo e das políticas do Terceiro Reich tenha sido objeto de um enorme escrutínio histórico. A proliferação da literatura, antes da primeira edição deste panfleto, tornara quase impossível, até mesmo para o historiador profissional, seguir as pesquisas e reter uma visão geral. Desde 1993, a dificuldade tornou-se ainda maior. Esta edição, assim como a primeira, procura examinar temas-chave (o papel de Hitler, os fatores que o levaram ao poder, a estrutura e a natureza do governo no Terceiro Reich, a relação entre o governo e o povo alemão e as origens e a implementação do Holocausto) à luz dessas pesquisas. Em uma análise tão breve assim, certas áreas não serão discutidas, em particular a política externa de Hitler e as origens da Segunda Guerra Mundial.

Desde a publicação de *Hitler e o nazismo*, houve algumas mudanças notáveis quanto à ênfase das pesquisas. Nesta nova edição, portanto, mais espaço é dedicado ao papel das mulheres, à reestruturação do trabalho, às questões relativas à modernização e, sobretudo, à centralidade da noção de raça a todas as áreas da política entre 1933 e 1945. A seção acerca das bases sociais do apoio aos nazistas, antes de 1933, também foi revisada substancialmente.

Gostaria de expressar minha gratidão a diversos amigos, cujos trabalhos ajudaram-me a escrever este pequeno volume: Jeremy Noakes, Richard Bessel, Jill Stephenson, Klaus Tenfelde e três outros colegas que, infelizmente, já não estão mais conosco: Tim Mason, Detlev Peukert e Bill Carr. As principais influências sobre a minha visão do Terceiro Reich vieram de Hans Mommsen, cuja amizade eu valorizo tanto quanto o seu conhecimento, e de um historiador que teve a falta de sorte de ser meu padrinho em dois casamentos: Ian Kershaw. O seu trabalho sobre a Alemanha nazista evoluiu da força ao brilhantismo, e o seu apoio tem sido inestimável para mim.

R.J.G. 1999

Glossário
e lista de abreviações

BVP	*Bayerische Volkspartei* (Partido Popular da Baviera)
DAF	*Deutsche Arbeitsfront* (Frente Trabalhista Alemã)
DAP	*Deutsche Arbeiterpartei* (Partido dos Trabalhadores Alemães), um precursor do NSDAP
DDP	*Deutsche Demokratische Partei* (Partido Democrata Alemão)
DNVP	*Deutschnationale Volkspartei* (Partido Nacional do Povo Alemão ou Nacionalistas)
DVP	*Deutsche Volkspartei* (Partido Popular Alemão)
Freikorps	"Corpos Livres". Milícias ou unidades paramilitares usadas para reprimir levantes revolucionários em 1918-19.
Gau	Área geográfica do Partido Nazista, governada por um *gauleiter*, um líder regional do partido.
Gestapo	*Geheime Staatspolizei* (Polícia Secreta do Estado)
KdF	*Kraft durch Freude* (Força pela Alegria)
KPD	*Kommunistische Partei Deutschlands* (Partido Comunista Alemão)
NSBO	*Nationalsozialistische Betriebszellenorganisation* (Organização Nacional Socialista das Células Fabris)
NSDAP	*Nationalsozialistische Deutsche Arbeiterpartei* (Partido Nacional Socialista dos Trabalhadores Alemães ou Nazistas)

NSV	Nationalsozialistische volkswohlfahrt (Bem Público Nacional – Socialista)
Reichskristall nacht	"Noite dos Cristais" do Reich ou "Noite dos Vidros Quebrados", 9-10 novembro de 1938, quando sinagogas e propriedades de judeus foram vandalizadas
Reichstag	o parlamento nacional
Reichswehr	o exército na República de Weimar
RGO	*Rote Gewerkschaftsopposition* (Oposição dos Sindicatos Vermelhos ou Sindicato das Organizações Comunistas)
SA	*Sturmabteilung* (Tropas de Assalto)
SPD	*Sozialdemokratische Partei Deutschlands* (Partido Social Democrata Alemão)
SS	*Schutzstaffeln* (esquadrões de proteção)
Wehrmacht	as forças armadas do Terceiro Reich
ZAG	*Zentralarbeitsgemeinschaft* (Comunidade Central do Trabalho: um fórum para as negociações entre os empregadores e os sindicatos na República de Weimar)

1

Hitler: o homem e suas ideias

Adolf Hitler nasceu em 20 de abril de 1889 na pequena cidade austríaca de Braunau am Inn, onde seu pai era um funcionário da Alfândega.
Depois de cinco anos na escola primária, algum tempo como um aluno
sem destaque em Linz, e da experiência como um pensionista em Steyr,
Hitler, uma pessoa aparentemente comum, que nunca se interessou muito pela escola (exceto pelas aulas de história) e que não se dava muito
bem com o pai, mudou-se para Viena em 1907. Com o apoio de familiares, ele permaneceu ocioso por uns tempos, não fazendo nada mais do
que sonhar acordado. O final temporário de tal apoio levou-o a passar
por dificuldades reais por um curto período, em 1909, quando morou na
rua, dormindo pelas sarjetas, até encontrar refúgio em uma estalagem. O
dinheiro de uma tia, então, deu um fim a esse sofrimento, e Hitler passou
a se sustentar vendendo quadros e desenhos da capital austríaca e produ-
zindo cartazes e anúncios para pequenos comerciantes. No entanto, suas
duas tentativas de entrar para a Academia de Artes Gráficas falharam,
tornando o jovem Hitler uma pessoa amarga.

Foi também, ainda em Viena, que, segundo o seu próprio relato, seus
olhos abriram-se para a dupla ameaça do marxismo e do judaísmo. A população judia da capital austríaca (175.318) era maior do que a de qualquer cidade alemã e incluía judeus pobres não assimilados da Europa
Oriental. O antissemitismo fazia parte do discurso político diário; a este
respeito, Hitler aprendeu muito com o líder Social Cristão vienense Karl
Lueger, que foi por um tempo prefeito da cidade. Isolado, sem sucesso e

com aversão ao decrépito e multinacional Império Habsburgo, Hitler fugiu para Munique em 1913, para evitar o alistamento no exército austríaco. A sua fuga não foi um simples ato de covardia, pois, com a eclosão da guerra, em agosto de 1914, correu para se alistar no exército bávaro. Foi merecedor de algumas distinções, tendo obtido a Cruz de Ferro em duas ocasiões e sendo promovido a anspeçada em 1917. Para ele, a guerra era uma experiência formativa crucial. A camaradagem das trincheiras e o sacrifício pela pátria foram os valores que Hitler subsequentemente contrastaria com a política divisionista e interesseira da República de Weimar. Estava internado no hospital, recuperando-se de um ataque com gás de mostarda, quando soube, para o seu horror, da derrota alemã, da humilhação do armistício e da eclosão da revolução, em novembro de 1918. Daí em diante, Hitler tornou-se um dos principais proponentes da "lenda da punhalada pelas costas", a crença de que não foi o exército, mas os políticos civis que desapontaram a nação, ao assinar o acordo de armistício. Tais políticos ele acusava de "criminosos de novembro".

Ao deixar o hospital, Hitler voltou a Munique, que enfrentava violentas agitações políticas em 1918 e 1919. Lá, trabalhou para o exército, vigiando os numerosos grupos extremistas na cidade. Logo entrou em contato com o nacionalista e racista Partido dos Trabalhadores Alemães (DAP), liderado pelo chaveiro Anton Drexler. Ficou claro rapidamente que Hitler era um orador de algum talento – pelo menos para aqueles que partilhavam dos seus preconceitos crassos. Em outubro de 1919, proferiu o seu primeiro discurso para o DAP, conquistou uma crescente influência sobre os seus conselhos e tornou-se um dos seus membros mais proeminentes. Em 24 de fevereiro de 1920, a organização mudou o seu nome para Partido Nacional Socialista dos Trabalhadores Alemães (NSDAP). Como tanto o seu novo nome quanto o seu programa deixavam claro, o partido pretendia combinar elementos nacionalistas e "socialistas". Reivindicava não apenas a revisão do Tratado de Versalhes e a devolução dos territórios perdidos como resultado do tratado de paz (partes da Polônia, Alsácia e Lorena), mas também a unificação de todos os alemães étnicos em um único Reich. Os judeus deveriam perder a cidadania e os cargos públicos, ao passo que aqueles que tivessem chegado à Alemanha a partir de 1914 deveriam ser deportados, a despeito do fato de muitos judeus alemães terem lutado com distinção do lado alemão durante a Primeira Guerra Mundial.

Além desses temas comuns do pensamento *völkisch* (nacionalista/racista), o supostamente inalterável programa do NSDAP fazia certas demandas econômicas e sociais radicais. Lucros de guerra deveriam ser confiscados, rendas não advindas do trabalho, abolidas, trustes, nacionalizados, e grandes lojas de departamento, coletivizadas. O beneficiário deveria ser o homem comum. (Note que esta forma de "socialismo" não objetivava a expropriação de toda propriedade privada. De fato, o pequeno homem de negócios e o pequeno comerciante deveriam ser protegidos.) Mesmo assim, se esses aspectos socialmente radicais do programa, tão caros ao pensamento de Gottfried Feder, o "especialista em economia" do partido, chegaram a ter algum significado especial para Hitler, é uma questão ainda em aberto. De qualquer forma, por volta do final da década de 1920, esse aspecto do nazismo foi explicitamente rejeitado por Hitler, à medida que o movimento procurava ganhar o apoio da classe média e dos camponeses. Hitler, agora, deixava claro que eram apenas os bens dos *judeus* que deveriam ser confiscados. Foram – um tanto paradoxalmente – as corporações gigantescas, como a empresa do setor químico IG Farben, que vieram a ser as maiores beneficiárias do governo nazista entre 1933 e 1945.

Durante o seu período em Munique, Hitler também entrou em contato com diversas pessoas que, subsequentemente, viriam a ser de grande importância para o movimento nazista. Alguns destes tornaram-se seus amigos ao longo da vida: Hermann Göring, um célebre piloto de combate durante a Primeira Guerra Mundial, com contatos influentes na sociedade burguesa de Munique; Alfred Rosenberg, o ideólogo do movimento; Rudolf Hess, que, na verdade, servira no regimento de Hitler durante a guerra; e a família Bechstein, de fabricantes de piano. Dentre os mais importantes dos seus associados, na ocasião, encontrava-se Ernst Röhm, do *staff* do exército, em Munique, que recrutou antigos soldados e membros dos *Freikorps* (os *Freikorps* haviam sido utilizados para reprimir os levantes esquerdistas em 1918-19) para o movimento e, desta forma, estabeleceu a *Sturmabteilung* ou SA, a organização nazista de tropas de assalto, responsável por ampliar, de maneira significativa, a influência de um partido inicialmente pequeno. Todas essas pessoas compartilhavam a visão de Hitler de que a Alemanha fora traída e enfrentava, agora, uma "ameaça vermelha". Elas expressavam um violento ardor nacionalista, que frequentemente abrangia o racismo e, em particular, o antissemitismo. Em 1922, Julius Streicher, o mais vil dos antissemitas, também jurou lealdade a Hitler, trazendo, para dentro do partido, sua própria organização francônia, dobrando, dessa forma, o quadro de associados. No mesmo ano, foram vistas as primeiras insinuações do culto ao *Führer*, a ideia de que Hitler era a única pessoa destinada a moldar o destino da Alemanha.

Nessa época, em Munique, o NSDAP era apenas um, entre uma pletora de organizações *völkisch* radicais (havia 73 no Reich; 15, somente na capital da Baviera). Em 1923, ele tinha ligações com as outras quatro ligas patrióticas na capital bávara, e também estava em contato com o ressentido herói de guerra General Ludendorff. Até mesmo o governo do Estado da Baviera, sob a direção de Gustav von Kahr, estava recusando-se a receber ordens do governo nacional em Berlim; e alguns dos seus membros queriam estabelecer um regime conservador separatista, livre da suposta influência socialista da capital do Reich, embora não tivessem intenção de incluir Hitler em nenhum arranjo desse tipo. Esta tensão formou o pano de fundo da tentativa do *Putsch* da Cervejaria, na noite de 8 de novembro de 1923, que terminou em farsa, face ao pequeno grau de resistência local e ao fato de que o *Reichswehr*, o exército, recusou-se a juntar-se aos golpistas. Como consequência, o Partido Nazista foi banido e Hitler enfrentou um julgamento sob a acusação de alta traição por sua participação na tentativa de derrubar a democracia de Weimar à força, tendo recebido a sentença mínima de cinco anos de prisão. Este exemplo das simpatias de extrema direita do Poder Judiciário alemão, durante a República de Weimar, foi fortalecido, depois, devido ao fato de a Hitler, na ocasião nem mesmo um cidadão alemão, ter sido dado entender que uma libertação com antecedência, sob *sursis*, era provável. O julgamento criou a reputação nacional de Hitler dentro dos círculos de extrema direita; e, de qualquer forma, ele foi libertado da prisão já em dezembro de 1924, apesar da gravidade do seu crime. Enquanto esteve na prisão, na pequena cidade bávara de Landsberg am Lech, contudo, ele ditara, a um colega, o texto do que se tornou o *Mein Kampf*.

Mein Kampf ("Minha Luta") dificilmente é uma das grandes obras de teoria política. O seu estilo é crasso e, em suas primeiras edições, estava cheio de erros gramaticais. Sem sutilezas de qualquer tipo, a obra repete várias vezes os preconceitos mais vulgares e as mentiras mais grosseiras. Usa indistintamente palavras que na verdade têm significados distintos (povo, nação, raça e tribo) e baseia a maioria dos seus argumentos não em evidências empíricas, mas em analogias (geralmente falsas). No pouco de estrutura que o livro possui, a primeira parte é vagamente autobiográfica e a segunda, um relato da história do início do NSDAP. Como autobiografia e história, ele está cheio de mentiras – sobre a situação financeira de Hitler em Viena, que não foi tão horrível quanto ele gostaria de fazer o leitor imaginar, sobre quando fugiu de Viena e quando se juntou ao Partido dos Trabalhadores Alemães. É importante ressaltar, no entanto, que o estilo estranho, a repetição de argumentos simplistas e inverdades grosseiras, em *Mein Kampf*, não foi apenas uma consequência das deficiências intelectuais de Hitler. Ele nunca reivindicou ser um intelectual e não sentia nada por eles, a não ser desprezo. O que ele estava tentando, em *Mein Kampf*, era transformar em prosa a demagogia política falada. Isto se devia, parcialmente, ao fato de Hitler estar na prisão, quando ditou o trabalho e, portanto, incapacitado de participar em pessoa das reuniões públicas. (Na verdade, a proibição de que ele falasse em público continuou por algum tempo depois da sua soltura.) Também era, de qualquer maneira, uma consequência de suas crenças acerca da natureza da propaganda efetiva.

Uma parte considerável do *Mein Kampf* é dedicada a reflexões sobre a natureza da propaganda. Hitler acreditava que uma das razões para o sucesso britânico na Primeira Guerra Mundial devia-se ao fato de a propaganda britânica ter sido superior à das autoridades da Alemanha imperial, superior em sua simplicidade, objetividade e disposição em contar puras mentiras. Ele também fora influenciado por certas ideias a respeito da susceptibilidade das massas aduzidas por teóricos como o norte-americano MacDougall e o francês Le Bon. O que esta linha de pensamento indicava era que as massas eram menos influenciadas pela palavra escrita do que pela falada, especialmente quando reunida em grande número, em um lugar público. A maneira de se ganhar a aprovação e o apoio das massas sob tais circunstâncias não era por meio de detalhes factuais nem por sofisticação lógica. Ao contrário, o caminho mais efetivo para a aceitação popular encontrava-se na repetição contínua das ideias mais simples e veementes. Se você vai mentir, então conte uma grande mentira e não hesite em repeti-la. Este argumento funcionaria porque, para Hitler, as massas eram "femininas". Em sua visão sexista, as mulheres eram influenciadas não por seus cérebros, mas por suas emoções.

Se tais reflexões explicam talvez um pouco as deficiências de *Mein Kampf* no que se refere à lógica e à elegância literária, o que dizer, então, do seu conteúdo? Na obra, vários assuntos são levantados de forma mal-acabada e assistemática. Um destes são os objetivos externos e diplomáticos apropriados do Estado alemão. Hitler era sempre inflexível no que dizia respeito à obrigação de se reverter a humilhação do Tratado de Versalhes e de que os territórios perdidos do Reich (Alsácia, Lorena e partes da Polônia) deveriam ser devolvidos à Alemanha. Também tinha consciência de que a França nunca entregaria, pacificamente, a Alsácia e a Lorena. Por conseguinte, uma futura guerra com a França já estava implícita em seu pensamento. Não obstante, as ambições territoriais de Hitler não terminavam com a restauração das fronteiras da Alemanha de Bismarck, que, afinal de contas, excluíra, deliberadamente, a Áustria e, portanto, os alemães austríacos do Reich criado depois das vitórias de 1866 e 1871. Em contraste, Hitler defendia a visão pangermânica de um Reich que incluiria todos os alemães étnicos: ele almejava *ein Volk, ein Reich* (um povo, um império). Apesar do comprometimento ostensivo do presidente norte-americano Wilson e de seus aliados vitoriosos com a autodeterminação dos povos, esta fora negada aos alemães, ao final da Primeira Guerra Mundial. A *Anschluss* (união) com o truncado Estado austríaco não foi permitida. Ao mesmo tempo, os novos Estados da então Tchecoslováquia e Polônia abrigavam minorias alemãs significativas. A ambição de unir todos os alemães em um único Reich, dessa forma, tinha implicações altamente desestabilizadoras para a Europa Central e Oriental.

Mesmo esses objetivos pangermânicos, no entanto, não eram suficientes para satisfazer Hitler. Ele ainda acreditava que o povo alemão estava sendo forçado a viver em um território superpovoado e que não podia atender às suas necessidades. Tais circunstâncias levavam à decadência moral e política, especialmente quando muitas das melhores qualidades da nação deveriam ser encontradas não nas cidades, mas nas áreas rurais e entre os camponeses. Isto ficou conhecido como ideologia do *Blut und Boden* (sangue e solo). O que o povo alemão precisava era de *Lebensraum* (espaço vital). Isto, por sua vez, levantava a questão: onde tal espaço vital poderia ser encontrado? Uma resposta poderia ser na obtenção de colônias; mas Hitler rapidamente rejeitou tal solução. As colônias não poderiam ser facilmente defendidas e poderiam ser isoladas da pátria por ação naval, exatamente como acontecera entre 1914 e 1918. Qualquer pretensão colonial alemã provavelmente levaria à oposição britânica, segundo Hitler, exatamente o erro que a liderança imperial cometera antes da Primeira Guerra Mundial. Cada vez mais, portanto, ele passava a acreditar que o *Lebensraum* teria de ser encontrado no leste europeu e, em particular, na Rússia, onde gêneros alimentícios e matérias-primas eram, também, abundantes. Aqui estava, então, um programa que implicava guerra no leste. Na opinião de Hitler, tal guerra deveria ser bem-vinda. Primeiro, ele corroborava uma forma grosseira de darwinismo social, que postulava que as guerras entre os povos eram uma parte normal da história. Ele considerava o pacifismo como uma invenção dos judeus! Segundo, a guerra contra a Rússia soviética seria uma cruzada sagrada contra o bolchevismo, uma reivindicação que não tinha poucos atrativos, não apenas para muitos alemães, mas também para conservadores, por toda a Europa. Terceiro, uma guerra contra a Rússia seria uma guerra dos superiores "arianos" (o termo que Hitler, incorretamente, restringia aos povos nórdicos) contra tanto os inferiores eslavos como a desastrosa influência judaica – pois o bolchevismo era mais um mal que Hitler considerava ser uma trama judaica. De fato, ele acreditava na existência de uma conspiração judaica internacional, que abarcava tanto o marxismo, como as finanças internacionais. Como muitos companheiros antissemitas, Hitler pensava que a existência de tal conspiração fora demonstrada em *Os Protocolos dos Sábios de Sião*, um documento forjado pela polícia secreta czarista e que objetivava desviar o descontentamento, em relação ao regime, na direção do bode expiatório judeu arquetípico.

O núcleo das crenças e preconceitos obsessivos de Hitler era um racismo virulento, um antissemitismo vil, exibido no capítulo sobre "Povo e Raça", no *Mein Kampf*. Aqui Hitler afirmou que os povos do mundo podiam ser divididos em três grupos raciais: os criadores da cultura, os portadores da cultura (povos que podem imitar as criações da raça superior) e os povos inferiores, que são os "destruidores da cultura". Somente os "arianos" eram capazes de criar culturas, o que faziam da seguinte maneira: pequenos grupos de arianos bem organizados, preparados para se sacrificarem para o bem comum, conquistavam um grande número de povos inferiores e transmitiam a eles os valores da cultura. (É digno de nota que, nesta descrição, a "cultura", mais um termo indefinido, é criada pela espada.) Por um período, tudo ia bem, até que a raça dominante começou a se misturar com as inferiores. Este "pecado contra o sangue" levou à deterioração racial e à inevitável decadência. Como resultado, Hitler veio a acreditar que o principal papel do Estado era promover a "higiene racial" e evitar a mistura racial. Subsequentemente, o Estado nazista viria a incorporar de fato esses valores eugênicos, com consequências perversas para os "impuros". Significativamente, a superioridade dos arianos residia, de acordo com Hitler, não no intelecto, mas na capacidade para o trabalho, no cumprimento do dever público, no autossacrifício e no idealismo. Ele acreditava que essas qualidades não eram criadas pela sociedade, mas determinadas geneticamente.

Para Hitler, o judeu era o oposto do ariano. Novamente é significativo que ele tenha negado, de forma explícita, que o judaísmo fosse uma questão religiosa; antes, ele era hereditário: isto é, biologicamente determinado. Historicamente, uma grande parcela do antissemitismo europeu fora gerado pelas denúncias cristãs dos judeus como os assassinos de Cristo. Desagradável e homicida, como as consequências desta forma de antissemitismo religioso frequentemente haviam sido, considerava-se, apesar de tudo, aqueles que se convertessem ao cristianismo como não mais judeus. No antissemitismo pseudocientífico e biológico dos nazistas, por outro lado, tal possibilidade era excluída: uma vez judeu, sempre judeu. E, para Hitler, ser judeu significava a invariável possessão daqueles traços que faziam do judeu o oposto do ariano: despossuído de uma terra natal – o que Hitler pensaria da existência do Estado de Israel hoje em dia? –, o judeu era incapaz de se sacrificar por um objetivo maior da comunidade; era materialista e avesso ao idealismo. Por meio do marxismo e das finanças internacionais, os judeus tentavam subverter as verdadeiras nações e, na realidade, tornavam-se parasitas delas. O uso da analogia do parasita alcançou proporções monstruosas no pensamento de Hitler: os judeus eram comparados com ratos, vermes, doenças, pragas, germes e bacilos. Quase tudo o que Hitler não gostasse era associado aos judeus: as decisões da Grã-Bretanha e dos Estados Unidos de lutarem contra a Alemanha durante a Primeira Guerra Mundial; a derrota da Alemanha nessa guerra; a Revolução Russa; o marxismo internacional; a ganância dos bancos e as condições do Tratado de Versalhes. A linguagem utilizada para denunciar os judeus era significativa: retratados de maneira *desumana*, os judeus não tinham de ser tratados como seres humanos. Se os judeus eram vermes, então deviam ser tratados como tal: isto é, erradicados. O *Mein Kampf* falou sombriamente da "exterminação" dos "envenenadores internacionais" e refletiu que os sofrimentos dos alemães, na Primeira Guerra Mundial, não teriam sido em vão, caso os judeus tivessem sido gaseados desde o início.

Até o momento, vimos que as ideias expressas no *Mein Kampf* envolviam a possibilidade de guerra no oeste e no leste, além das políticas de higiene racial e do antissemitismo. Também estava claro que o Estado nazista não seria democrático. Para Hitler, a competição democrática entre os partidos políticos queria dizer negociatas em proveito próprio. A política democrática salientava as divisões internas de uma nação, ao invés de sua unidade, e não se provaria suficientemente forte para resistir à ameaça do comunismo. O que era preciso, portanto, era um líder forte, um *Führer*, que reconheceria e expressaria a vontade popular e uniria a nação atrás de si, em uma "comunidade do povo" (*Volksgemeinschaft*), na qual antigos conflitos seriam esquecidos.

As várias ideias que aparecem no *Mein Kampf* têm levantado duas questões particulares para os historiadores: primeiro, se tais ideias foram o produto de uma mente enlouquecida ou, caso contrário, quais seriam as suas origens? Segundo, constituiriam tais ideias um programa que foi sistematicamente implementado no Terceiro Reich? Em relação às origens das obsessões antissocialistas e antissemitas de Hitler e das suas ambições territoriais, poucos historiadores sentem-se preparados para considerá-lo simplesmente maluco. Muita especulação psicológica repousa sobre alguns poucos fragmentos de uma miscelânea de evidências, ou mesmo em nenhuma. Além do mais, muitas dessas evidências têm sido fornecidas por pessoas com interesses particulares ou contas a ajustar. Isso não quer dizer que Hitler não fosse obsessivo em relação a certas coisas, nem que nunca tivesse sido neurótico. Era um hipocondríaco e extremamente melindroso em relação à sua comida, tendo se tornado vegetariano no início dos anos 1930. Tinha obsessão por limpeza pessoal. Mais destacadamente, possuía uma crença inabalável na sua própria retidão e no seu destino, achava difícil aceitar contradições e não sentia nada mais que desprezo pelos intelectuais. Podia ser extremamente energético, em algumas ocasiões, mas era frequentemente indolente (com consequências que serão exploradas mais tarde). Um tanto distante, não fazia amizades facilmente, mas apreciava a companhia de mulheres. Por outro lado, quando fazia amigos, mantinha-se extremamente leal a eles, em particular em relação àqueles que estiveram com ele nos seus primeiros dias em

Munique. É verdade que Hitler algumas vezes parecia se comportar como um maníaco, como nas explosões de raiva, na presença de líderes estrangeiros, ou nos *clippings* dos seus discursos públicos, aparentemente histéricos, vistos com frequência pelas audiências britânicas. Grande parte disto, no entanto, era ilusório. Os discursos de Hitler eram planejados cuidadosamente; de fato, ele praticava os seus gestos em frente do espelho. Além do mais, os discursos normalmente começavam suave e vagarosamente. A aparente histeria ao final era, portanto, planejada e instrumental; e o mesmo poderia ser dito de muitas, se não de todas, as suas explosões de raiva. É verdade que próximo ao fim da guerra o *Führer* progressivamente perdia contato com a realidade; mas, levando em consideração que ele estava vivendo em florestas remotas, tornando-se dependente de medicamentos para o tratamento de males reais ou imaginários e sendo confrontado, na ocasião, com problemas insuperáveis, isso não é de causar surpresa. Em nada disso há a menor sugestão clínica de loucura.

De qualquer forma, não é preciso especular sobre as consequências psicológicas da experiência de Hitler com gás mostarda, durante a Primeira Guerra Mundial, ou certas peculiaridades físicas (a não descida de um dos seus testículos), ou uma personalidade supostamente "sadomasoquista", com o objetivo de localizar ou compreender as origens de suas ideias, por mais perversas que possam ter sido. Por mais triste que possa parecer, preconceitos *völkisch* e antissemitas estavam longe de ser incomuns na Áustria antes da Primeira Guerra Mundial; e era significativo que Hitler viesse da Áustria, em vez de partes mais ocidentais da Alemanha. De fato, muitos dos principais antissemitas no NSDAP, incluindo o teórico Alfred Rosenberg, proveniente da cidade russa de Reval, eram "alemães periféricos". Isto porque a raça era uma questão de muito maior importância na Europa Oriental, onde as fronteiras nacionais não coincidiam com as étnicas. O movimento pangermânico surgiu na Áustria, no final do século XIX, sob a liderança de Georg Von Schönerer, cujas ideias tiveram um considerável impacto sobre o jovem Hitler. Em parte, o pangermanismo, o desejo de um só país para todos os Alemães, era uma resposta dos alemães, no interior do Império Austro-Húngaro, à crescente consciência nacional de outros grupos étnicos, dentre os quais, poloneses e húngaros, possuidores de uma nacionalidade histórica, e outros, como os tchecos e sérvios, em busca de, pelo menos, maior autonomia e, em alguns casos, independência. A virulência do antissemitismo popular no leste europeu era igualmente uma reação ao fato de a presença de judeus lá ser muito mais marcante do que na Alemanha, onde não havia grandes guetos e onde os judeus constituíam menos de um por cento do total da população. Além disso, o ódio racial foi alimentado nas partes orientais da Europa pelo fato de muitos dos judeus de lá não terem sido assimilados, vestindo-se de forma diferente e permanecendo leais às suas próprias tradições. A descrição de Hitler do encontro com um judeu nas ruas de Viena dá grande importância ao fato de este vestir um cafetã e usar costeletas (*peyot*). (Deve-se ressaltar, também, que ideias sobre higiene racial não estavam restritas a Hitler ou, neste caso, à Europa Central. Tendo se originado na Inglaterra e sido adotada com algum entusiasmo nos Estados Unidos e na Escandinávia, a ideia de se esterilizar os doentes e degenerados foi comum durante os anos 1920.) As outras influências sobre o antissemitismo de Hitler, contudo, eram mais "alemãs". Isso se aplica, em particular, às visões do círculo de Bayreuth – de certa forma, àquelas do próprio Richard Wagner, mas, sobretudo, àquelas dos seus descendentes, admiradores e de Houston Stewart Chamberlain – que abraçava aquilo que Saul Friedländer descreveu como um "antissemitismo redentor", uma crença de que a redenção dos arianos exigia a erradicação dos judeus.

É muito mais problemático determinar até que ponto *Mein Kampf* constituiu uma espécie de plano para as políticas implementadas pelos nazistas mais adiante. É verdade que Hitler desencadeou uma guerra mundial, destruiu a democracia parlamentar e liderou um Estado que iniciou a política do genocídio racial. Portanto, é fácil entender por que muitos historiadores têm considerado o Terceiro Reich e o seu barbarismo como a consequência natural dos pontos de vista que Hitler havia expressado anteriormente. Recentemente, no entanto, alguns analistas do governo alemão entre 1933 e 1945 têm se afastado deste tipo de explicação "intencionalista" da política nazista, e têm começado a privilegiar as pressões "estruturais" na política e a natureza caótica do processo de tomada de decisões. Isto porque Hitler estava, frequentemente, se recusando a tomar decisões ou era incapaz de fazê-lo, especialmente quando elas pudessem ter efeitos deletérios sobre a sua popularidade. Nesse contexto, como escreveu Ian Kershaw, a ideologia de Hitler tem sido vista menos como um "programa" e mais como uma estrutura solta de ação, que era apenas gradualmente traduzida em "objetivos realizáveis". (Este debate será explorado mais aprofundadamente no Capítulo 3.) Bas-

22 HITLER E O NAZISMO

ta dizer que, mesmo se o *Mein Kampf* não fosse um plano para um curso específico de ação (e há boas razões para se duvidar que o fosse), era, apesar de tudo, uma "estrutura para ação", frequentemente para a ação das pessoas e das agências que *acreditavam* estarem implementando os desejos do *Führer*.

Quando Hitler saiu da prisão, em dezembro de 1924, sua posição, dentre os vários grupos de extrema direita na Alemanha, era relativamente forte. A sua performance durante o julgamento foi amplamente admirada nos círculos nacionalistas, enquanto o Partido Nazista estava em um estado de crise durante a sua prisão, proibido por lei e sem uma forte liderança. O fracasso dramático do *Putsch* da Cervejaria convenceu Hitler de que o caminho para o poder passava pelo processo democrático, mesmo que o seu último objetivo permanecesse sendo a destruição da democracia parlamentar. Este *insight* ele levou ao partido, na sua reinauguração, em Munique, em 27 de fevereiro de 1925, quando a proibição do NSDAP terminou. Elevado como o *status* de Hitler devia estar dentro da política da extrema direita alemã, sua posição ainda estava confrontada por sérios desafios neste estágio. Com exceção de uma série de duros choques entre figuras da liderança do partido bávaro, a ameaça mais séria veio dos líderes políticos do norte e do oeste da Alemanha, sob a liderança de Gregor Strasser. Eles estavam interessados em enfatizar os aspectos socialmente radicais do nazismo e, para tal fim, demandavam um novo programa para o partido. Tal exigência foi vista por Hitler como uma ameaça à sua liderança; e, durante uma reunião do partido na cidade de Bamberg, na França (norte da Baviera), em 14 de fevereiro de 1926, ele foi bem-sucedido em se desvencilhar dela, enfatizando o seu comprometimento com o programa original e demandando lealdade ao *Führer*. Doravante, a posição de Hitler no interior do movimento nazista estava consolidada; e até antigos críticos, como Joseph Goebbels, que ficara à esquerda do movimento e esteve, em um dado momento, comprometido com o "nacional bolchevismo", foi conquistado. De agora em diante, muito esforço seria empregado na reorganização do partido e na criação de grupos de ativistas por toda a Alemanha. Ao mesmo tempo, os poucos grupos *völkisch* independentes remanescentes foram engolidos pelo NSDAP.

Apesar do sucesso *dentro* da extrema direita, todavia, Hitler ainda estava muito afastado do centro da política da República de Weimar. As políticas do Partido Nazista possuíam poucos atrativos para a maioria dos eleitores alemães nessa época. Isto estava demonstrado, de maneira bem clara, nas eleições de 1928 para o *Reichstag*, quando o partido conquistou apenas 2,6 por cento do voto popular. Ele chegou a obter quase dez por cento dos votos em algumas áreas rurais protestantes do noroeste da Alemanha em 1928 (Schleswig-Holstein e Baixa Saxônia), mas poucos poderiam ter adivinhado que significância isto teria para o futuro. O resultado das eleições de 1928 levou ao poder um governo de coalizão, a assim chamada "Grande Coalizão", abrangendo o Partido Social Democrata (SPD), um grande vencedor nas eleições, e vários partidos de classe média. Dentro de dois anos, esta coalizão ruiria e, como consequência, o *Reichstag* ficou impotente, pois se tornou impossível construir uma coalizão majoritária com as conquistas dos nazistas e dos comunistas nas eleições. Concomitantemente, o NSDAP surgiu como o maior partido do país.

Em novembro de 1928, Hitler, mais uma vez autorizado a falar em público em vários estados alemães, teve uma recepção entusiasmada dos estudantes na Universidade de Munique. Subsequentemente, o NSDAP registrou sucessos significativos nas eleições do grêmio estudantil (32 por cento em Erlangen e vinte por cento em Würzburg). Mais significativamente, o partido rompeu a barreira dos dez por cento nos votos contados nas eleições do estado da Turíngia em dezembro de 1929, principalmente aos custos do DVP, do DNVP e do *Landbund* agrário. Isto era pouco, no entanto, em comparação com a sorte do partido no ano seguinte, quando o NSDAP conquistou 6.379.000 votos (18,3 por cento do eleitorado) nas eleições nacionais. Em Schleswig-Holstein, sua parcela de votos chegou a 27 por cento. Na rural Oldenburg, o partido obteve 37,2 por cento de todos os votos apurados em maio de 1931 e 37,1 por cento em Mecklenburg em novembro do mesmo ano. Três quartos do eleitorado nazista era, nesse momento, não católico e vivia, na sua maior parte, em áreas rurais. Os primeiros sete meses de 1932 testemunharam o ápice do sucesso nazista, antes de Hitler se tornar chanceler. Em julho de 1932, o NSDAP conquistou mais de seis milhões de votos (37,4 por cento). Ao mesmo tempo, o seu número de membros disparou para 1,4 milhões.

A grande transformação da sorte do partido em tão pouco tempo sugere que o sucesso nazista não foi simplesmente uma consequência da propaganda do partido ou do carisma de Hitler, por mais importante que estes tenham sido, mas, na verdade, dependiam do clima no qual operavam os políticos da República de Weimar.

2

A República de Weimar
e a ascensão do nazismo

Muitas avaliações tradicionais do colapso da República de Weimar e da ascensão do nazismo listam as diversas dificuldades que a democracia incipiente enfrentou durante a sua curta existência (embora não tão curta como a do Terceiro Reich!). Dentre estas, encontravam-se as dificuldades diplomáticas e econômicas engendradas pelo Tratado de Versalhes, os problemas advindos da nova Constituição, a ausência de um consenso democrático, a inflação nos primeiros anos da República e a depressão ao seu final. Nessa explicação, os problemas do governo da República de Weimar foram se acumulando um sobre o outro até a catástrofe final. Tal abordagem tem muito a seu favor; certamente todos os problemas listados anteriormente eram reais. Apesar disso, uma palavra de cautela deve ser introduzida aqui: nem todos estes problemas foram enfrentados simultaneamente. Por exemplo, os primeiros anos da República de Weimar testemunharam inflação e, em seguida, os danos da hiperinflação, enquanto a depressão de 1929-33 foi uma época *não* de ascensão, mas de queda nos preços. Isso levanta algumas questões cronológicas extremamente importantes: por que o novo Estado conseguiu sobreviver à inflação, mas não à depressão? Por que ele entrou em colapso no início dos anos 1930, e não entre 1919 e 1923? Por que o Partido Nazista estava em isolamento político até o final dos anos 1920? Claramente, tais questões não podem ser respondidas por uma lista de dificuldades que não leve em conta o momento de sua ocorrência.

Não pode haver dúvida de que a República de Weimar nasceu sob circunstâncias difíceis, de fato numa situação de derrota e humilhação nacional. Isso por si só era suficiente para condená-la aos olhos da direita alemã, que acusou os políticos democratas e socialistas de "apunhalar a Alemanha pelas costas". Os medos dos nacionalistas ampliaram-se ainda mais com a Revolução alemã de novembro de 1918 e a subsequente emergência de um movimento comunista de massa. A sua cólera não teve limites quando as condições do *Diktat* (os termos ditados do acordo de paz) de Versalhes tornaram-se conhecidas no verão de 1919. Segundo os termos desse tratado, as potências centrais (a Alemanha e a Áustria--Hungria) foram as únicas responsáveis pela erupção da guerra, em agosto de 1914. A Alemanha deveria pagar às potências vitoriosas da *Entente* grandes reparações financeiras, o que aprofundou os já vastos problemas financeiros do país. Além disso, as colônias alemãs foram entregues aos vitoriosos, enquanto alguns dos seus territórios orientais foram cedidos à Polônia, criando um corredor entre a Prússia Oriental e o resto da Alemanha. A Alsácia e a Lorena foram devolvidas à França. Estas perdas não eram apenas uma questão de orgulho: as partes da Silésia incorporadas ao novo Estado polonês tinham valiosos depósitos de linhita. A Alsácia tinha indústrias têxteis e de metalurgia altamente desenvolvidas e a Lorena possuía ricos depósitos de minério de ferro, que forneciam matéria-prima barata para a indústria de aço do Vale do Ruhr. O Tratado de Versalhes confiscou a marinha mercantil alemã e teria feito o mesmo com a marinha de guerra alemã, caso os marinheiros não tivessem afundado sua própria esquadra na base naval escocesa de Scapa Flow. Para prevenir o ressurgimento do militarismo alemão, o tamanho do exército também foi limitado. Finalmente, o Tratado de Versalhes não concedeu ao povo alemão o mesmo direito de autodeterminação que foi estendido aos poloneses e aos tchecos. A Alemanha e a Áustria não poderiam se unificar em um único Estado ou união alfandegária, enquanto vários dos novos Estados incluíam uma minoria alemã entre os seus cidadãos, notadamente no caso da região dos Sudetos, no norte da então Tchecoslováquia. Desnecessário dizer que o Tratado de Versalhes alimentou a propaganda nacionalista; mesmo no resto da Europa, havia aqueles que acreditavam que a Alemanha fora tratada muito duramente. Tal crença explica parcialmente as políticas de apaziguamento britânica e francesa ao final dos anos 1930.

Diante desses fatos, seria impossível negar que os termos do Tratado de Versalhes não tenham representado um papel importante no colapso da República de Weimar. Ele era um fator constante na retórica do Partido Nacional do Povo Alemão (DNVP) e dos próprios nazistas. A renegociação das reparações, que produziu o Plano Young, motivou os nazistas e os nacionalistas (DNVP) a unirem-se no *front* de Harzburg para organizar um plebiscito contra ele. Este desdobramento tem sido visto, com frequência, como algo importante para o subsequente sucesso nazista, na medida em que Hitler, o político extremista, era agora visto no centro do palco, junto a líderes conservadores, e recebia um grau de respeitabilidade sem precedentes até o momento. As reparações continuavam a ser denunciadas por alguns homens de negócios alemães, como uma das causas dos seus problemas, embora deva ser notado que a maioria da comunidade industrial queria o Plano Young assinado e fora do caminho, para que o comércio internacional pudesse ser retomado. Os problemas financeiros engendrados pelas reparações continuaram a incomodar a formulação da política econômica nacional por toda a existência da República de Weimar.

Todavia, essa não era toda a história. Algumas questões acerca do papel e da importância do Tratado de Versalhes para a sobrevivência da democracia da República de Weimar ainda permanecem. Em primeiro lugar, os nacionalistas (o DNVP), liderados, de 1928 em diante, por Alfred Hugenberg, foram tão hostis ao tratado quanto os nazistas. Dessa forma, o maior sucesso eleitoral desfrutado pelos últimos exige uma explicação suplementar ao nacionalismo e ao Tratado de Versalhes. Segundo, se o Tratado de Versalhes era tão importante, por que a nova república não entrou em colapso antes, quando tanto a derrota como o tratado eram mais recentes? Por que o sistema político da República de Weimar desmoronou, no momento em que muitos dos problemas econômicos reais causados pelas reparações eram menos urgentes – eles haviam sido regularizados e reduzidos pelos planos Dawes e Young – do que em 1923, quando os franceses e os belgas ocuparam o vale do Ruhr para exigir o pagamento mediante o uso da força? Acima de tudo, por que os governos de coalizão se mantiveram unidos, quando lidavam com as questões das reparações e do Tratado Versalhes, e mesmo assim entraram em colapso em 1929-30 a respeito de um assunto muito mais mundano, o do auxílio-desemprego e de quem deveria pagar por ele?

A REPÚBLICA DE WEIMAR E A ASCENSÃO DO NAZISMO   27

Também era fato que a maioria dos homens de negócios alemães, particularmente aqueles com ligações com o comércio exterior e os grandes mercados exportadores, eram a favor de que se assinasse o Plano Young o mais rápido possível para regularizar as relações comerciais. Para os homens de negócios, a tributação e os custos dos seguros tinham muito mais significância do que o Tratado de Versalhes.

Reservas semelhantes podem ser expressas a respeito de outra questão que tem sido considerada nociva à República de Weimar, qual seja sua Constituição. Dois aspectos da Constituição têm sido particularmente assinalados para crítica: de um lado, os poderes conferidos ao presidente da República e, de outro, a introdução da representação proporcional absoluta. No primeiro caso, a Constituição deu ao presidente poder para governar por decreto de emergência e, assim, dispensar a necessidade de maiorias parlamentares, quando considerasse que o país estivesse em alguma espécie de perigo. Com o colapso da Grande Coalizão, em 1930, e a indicação de Brüning como chanceler, foi isto o que aconteceu: os gabinetes presidenciais governavam e os seus desejos eram autorizados pelo idoso e conservador presidente Hindenburg. Segundo, a introdução da representação proporcional absoluta teve inúmeras consequências. Se um partido conseguisse obter apenas dois por cento do voto popular, receberia dois por cento das cadeiras no parlamento. Dessa forma, pequenos partidos, como o NSDAP nos seus primeiros dias, poderiam alçar voo e sobreviver de uma forma que simplesmente não seria possível na Grã-Bretanha sob o sistema eleitoral de voto distrital. Ademais, a representação proporcional absoluta encorajava uma proliferação de partidos políticos e tornava quase que impossível para qualquer partido conseguir sozinho uma maioria absoluta no *Reichstag*. O governo era, portanto, invariavelmente por coalizão; e a construção de coalizões não era nunca fácil, dada a absoluta multiplicidade de partidos com cadeiras parlamentares (mais de vinte no *Reichstag* de 1928). Mais uma vez, no entanto, algumas palavras de cuidado são necessárias.

O primeiro presidente da República, o social-democrata Friedrich Ebert, tinha, como o seu sucessor Hindenburg, o poder de governar por meio de decreto de emergência; mas Ebert usou este poder para proteger o jovem Estado contra *putsches* da direita e insurreições da esquerda. Portanto, os pontos de vista pessoal e político do presidente tinham alguma importância, independentemente do poder de governar por decreto de emergência. De qualquer forma, o uso destes decretos por Hindenburg veio *depois* que o sistema de coalizões já fracassara e depois – não antes – de ter se mostrado quase impossível construir uma maioria parlamentar. Isso nos leva mais uma vez de volta a uma questão de tempo: por que o governo parlamentar entrou em colapso naquele determinado momento? A resposta não pode ser encontrada no problema da Constituição. No que se refere ao sistema eleitoral, não há dúvida de que a representação proporcional absoluta levou à fragmentação da política partidária. Todavia, vale a pena lembrar que a Alemanha imperial produzira um sistema multipartidário antes mesmo da Primeira Guerra Mundial, a despeito do fato de que não havia nenhum sistema de representação proporcional na ocasião. Na realidade, muitos partidos no parlamento da República de Weimar poderiam reivindicar descendência de vários destes partidos de antes da guerra. É também digno de nota que houve épocas, especialmente entre 1924 e 1928, em que governos de coalizão conseguiram funcionar. Mais uma vez, portanto, a questão da cronologia não pode ser evitada. (Não se deve deixar o preconceito britânico contra as coalizões governamentais obscurecer o fato de que tais governos têm desfrutado de grande estabilidade na Alemanha e Escandinávia desde 1945.)

Neste contexto pode não ter sido tanto o número, mas a natureza dos partidos políticos na República de Weimar o que realmente importava. Primeiro, muitos dos partidos estavam intimamente ligados a grupos de interesse econômico específicos. O SPD, por exemplo, estava preocupado, primeiramente, em representar o eleitorado e os seus membros da classe trabalhadora, e tinha laços estreitos com os sindicatos livres. O Partido Popular Alemão (DVP), por outro lado, estava intimamente alinhado aos interesses do grande negócio. Isso não teria impedido uma bem-sucedida política de coalizões em épocas de prosperidade econômica, ou quando as questões de política externa predominavam. Isso era fatal, no entanto, em circunstâncias de depressão, quando a lucratividade declinante dos negócios levou o DVP a defender a diminuição dos encargos tributários e das contribuições para os programas de bem-estar social, ao mesmo tempo em que o SPD reivindicava um aumento do financiamento do Estado para a crescente massa de desempregados. Foi precisamente a inabilidade destes dois partidos em concordar nesta questão do auxílio-desemprego que levou a Grande Coalizão ao colapso em 1929-30, inaugurando um período de governo presidencial.

Um segundo aspecto da política partidária alemã trouxe maus presságios para a estabilidade da democracia parlamentar, depois da Primeira Guerra Mundial. Simplesmente, muitos partidos nunca aceitaram o sistema democrático. Os nacionalistas olhavam nostalgicamente para o Estado semiautocrático do período imperial, ao passo que o DVP estava disposto a funcionar no interior do sistema, mas nunca esteve comprometido com ele como uma questão de princípios. O Partido Comunista Alemão (KPD) denunciava a democracia da República de Weimar como um engodo capitalista, a ser derrubado pela revolução proletária. Apenas a ala trabalhista do Partido Católico de Centro, o Partido Democrata Alemão (DDP) e o SPD estavam totalmente comprometidos em sustentar o sistema democrático. A partir de 1928, a situação tornou-se ainda mais calamitosa, no que concerne à ausência de um consenso democrático. O DNVP tornou-se ainda mais reacionário, sob a liderança de Hugenberg, a liderança nacional do Partido de Centro moveu-se para a direita e o DVP possuía elementos que preferiam o governo por intermédio de gabinetes presidenciais ao processo parlamentar.

Outro fator que pouco contribuiu para a sobrevivência da República de Weimar foi a constante dificuldade econômica e financeira. O primeiro problema econômico foi ocasionado pela transição para uma economia em tempos de paz, em 1918-19. A desmobilização de sete milhões de soldados e a parada das indústrias de guerra criou desemprego. No inverno de 1918-19, mais de um milhão de alemães estavam sem emprego. Comparado com os níveis posteriores de desemprego, este número não parece alto. Era notório, contudo, que os desempregados se concentravam em algumas poucas grandes cidades (mais de um quarto de milhão apenas em Berlim, em janeiro de 1919), que já eram politicamente voláteis. Alguns daqueles que participaram do assim chamado Levante Espartaquista (uma insurreição de extrema esquerda) em Berlim, no início de janeiro de 1919, estavam sem trabalho. O mais importante, no entanto, foi o desaparecimento, notavelmente rápido, do desemprego, durante o *boom* que a Alemanha desfrutou no pós-guerra da primavera de 1919 até meados de 1923. Agora o problema mudara: os alemães confrontavam-se, primeiro, com os altos níveis de inflação dos preços e, depois, com uma assombrosa hiperinflação. Entre 1918 e 1922, os preços aumentaram a uma taxa que frequentemente excedia os aumentos nos salários nominais; dessa forma, o poder de compra de muitos declinava.

Isso formou o pano de fundo para uma grande onda de greves entre 1919 e 1922 e para o crescimento do extremismo político. A hiperinflação de 1923, de qualquer forma, foi novamente fora do comum. O dinheiro tornou-se sem valor, nem mesmo valia a pena ser roubado. Aqueles com renda fixa – pensionistas, inválidos, aqueles que dependiam de suas poupanças, especuladores – estavam arruinados; e, embora os assalariados conseguissem se sair um pouco melhor, visto que seus salários eram regularmente renegociados, os preços ainda aumentavam mais rápido do que os seus pagamentos. Não é de se surpreender, portanto, que a inflação tenha sido vista frequentemente como o golpe final que acabou com a República de Weimar. Ela certamente alijou algumas de suas vítimas do sistema permanentemente e pode explicar por que o NSDAP ganhou um apoio desproporcional entre os pensionistas nos últimos anos da república (apesar de as reduções nas taxas de apoio, entre 1930 e 1932, serem, mais uma vez, provavelmente mais importantes neste contexto). Novamente, aqui, a questão do momento do colapso da República de Weimar se torna relevante.

A despeito das tentativas da extrema direita de *putsches* em Berlim e em Munique, em 1920 e 1923, respectivamente, a despeito das tentativas comunistas de tomar o poder, em 1919, 1921 e 1923, em várias partes da Alemanha, e a despeito do caos causado pela inflação e pela hiperinflação, a República de Weimar sobreviveu. Quando entrou em colapso, no início dos anos 1930, o problema, em termos econômicos, *não* era a inflação. Durante a depressão, os preços estavam, na verdade, caindo. Isto sugere que o período inflacionário não foi de total desastre para todos os alemães. Discernir quem ganhou ou perdeu com a inflação está longe de ser fácil; muitas pessoas eram tanto devedoras (beneficiárias, na medida em que a inflação apagava suas dívidas), *quanto* credoras (perdedoras, na medida em que a inflação significava que não poderiam exigir o valor real do que tinham emprestado para as outras pessoas). Além do mais, os tribunais conseguiram organizar algumas formas de recompensar os antigos credores. Embora não possa haver dúvidas de que tenham existido verdadeiros perdedores, em particular aqueles com rendas fixas, é igualmente verdadeiro que houve algumas pessoas cuja posição foi melhorada com a inflação dos preços. Isto foi especialmente verdadeiro para os produtores de bens primários. Ainda que a comunidade agrícola reclamasse de muitas coisas, particularmente das tentativas governamen-

A REPÚBLICA DE WEIMAR E A ASCENSÃO DO NAZISMO 31

tais de controlar os preços dos alimentos, entre 1919 e 1923, ela geralmente mantinha-se distante da política de extrema direita nos primeiros anos da república de Weimar. Depois de 1928, os nazistas conquistaram alguns de seus primeiros e mais espetaculares sucessos eleitorais nas áreas rurais da Alemanha protestante. Parte da razão para esta mudança foi que tanto os grandes proprietários de terra como os pequenos fazendeiros camponeses viram suas rendas aumentarem entre 1919 e 1922, com o aumento nos preços dos alimentos. Para eles, foi a queda nos preços agrícolas, nos anos posteriores, e uma grande crise de endividamento, no início dos anos 1930, que produziriam um desastre.

As grandes empresas também não viam o período inflacionário como um desastre absoluto. A inflação cancelou as dívidas contraídas em empréstimos anteriores aos bancos. O fato de o preço dos bens aumentar mais rápido do que os salários nominais efetivamente reduziu os custos do trabalho, ao passo que a desvalorização do marco no mercado financeiro internacional significava que os bens alemães ficavam muito baratos no exterior, e os bens importados, extremamente caros na Alemanha. O resultado foi uma alta demanda por bens alemães nos mercados interno e externo. Ironicamente, a inflação prolongou o *boom* da Alemanha no pós-guerra, até 1923, enquanto na Grã-Bretanha e na França ele terminara por volta de 1921. Uma consequência adicional foi que os negócios alemães experimentaram altos níveis de lucratividade até 1923. Como consequência disso, alguns dos principais donos de indústria, como Hugo Stinnes, na verdade encorajaram o *Reichsbank* a imprimir mais papel moeda. (Esta estratégia inflacionária teve a vantagem adicional de as reparações terem sido liquidadas em uma moeda desvalorizada, quase sem valor.) A alta lucratividade dos negócios também teve consequências sobre o campo das relações industriais. Forçados a reconhecer os sindicatos de trabalhadores no rastro da Revolução de 1918 e com medo da ameaça de revolução socialista, empregadores estavam preparados para fazer concessões aos trabalhadores de uma forma que teria sido inimaginável antes de 1914, quando a maioria adotara atitudes autoritárias e se recusava a lidar com os sindicatos trabalhistas. Nas circunstâncias modificadas do pós-guerra, foram alcançados acordos sobre o reconhecimento de sindicatos, valores salariais nacionais e menores jornadas de trabalho. Líderes sindicais e representantes do empresariado reuniam-se em um fórum chamado de Comunidade Central do Trabalho (ZAG). Ainda que este tipo de cooperação fosse imposta pelo medo da intervenção de fora, ela também se tornava possível pelos altos níveis de lucratividade experimentados pelas principais empresas, durante os primeiros anos da República de Weimar.

Assim, paradoxalmente, a inflação não arruinou a comunidade agrícola e não foi, de muitas maneiras, prejudicial aos interesses das grandes empresas. As coisas só ficaram fora de controle quando a taxa de inflação ultrapassou a desvalorização internacional do marco em 1923. Isto, junto com a ocupação do Vale do Ruhr, levou a um colapso maciço durante a segunda metade do ano, no qual muitas empresas foram à falência e outras se viram forçadas a dispensar grande número de trabalhadores. Durante o inverno de 1923-24, a "crise da estabilização" viu o desemprego crescer a mais de vinte por cento da força de trabalho, o que, por sua vez, levou a um aumento do radicalismo político e a uma grande melhora na sorte do Partido Comunista Alemão.

O período de 1924 a 1928 costumava ser visto como os "anos dourados" da República de Weimar. A Alemanha foi admitida na Liga das Nações e a política externa de Gustav Stresemann ganhou reconhecimento e respeito internacionais. A inflação foi domesticada e a produção econômica cresceu. A extrema direita não aparecia em nenhum lugar da corrente principal da política nesses anos e o governo de coalizão não parecia ser um completo desastre. Todavia, os historiadores têm se tornado cada vez mais cônscios de uma série de problemas nos "enodoados" (em vez de "dourados") anos de 1920. Politicamente, a posição dos tradicionais partidos "burgueses" (DNVP, DVP, DDP), que haviam sido controlados frequentemente por pequenos grupos de notáveis locais, fora erodida. Em Schleswig-Holstein e na Baixa Saxônia, os camponeses abandonaram o DNVP, que era visto como represente dos interesses dos grandes proprietários de terra, e formaram partidos de defesa de seus próprios interesses por um tempo. A baixa classe média (*Mittelstand*) das cidades fez mais ou menos a mesma coisa. Ambos os grupos, subsequentemente, voltaram-se para o nazismo, em grande número. No *front* econômico, a recuperação alemã tornara-se perturbadoramente dependente de empréstimos estrangeiros, em particular, do capital norte-americano. Isto significava que o país estava excepcionalmente vulnerável aos movimentos nos mercados financeiros internacionais e altamente dependente da confiança dos investidores ultramarinos. O *Crash* de Wall Street em outubro de 1929 fez com que essa fragilidade ficasse bem nítida. Outros problemas estavam menos diretamente ligados aos mercados financeiros. Os preços agrícolas, que haviam começado a se estabilizar depois do início dos anos 1920, já estavam em queda em 1927 e entraram em colapso durante a depressão de 1929-33. O resultado foi uma crise de endividamento para os fazendeiros, cujo alheamento com relação à República de Weimar já estava se formando no período 1926-28. A crise agrária alimentou uma campanha de violência rural contra os cobradores de impostos e os governos locais e levou aos primeiros ganhos significativos do NSDAP nas áreas agrícolas de Schleswig-Holstein e na Baixa Saxônia em 1928. Estes ganhos, de alguma forma inesperados, levaram os nazistas a reconsiderar sua estratégia, pois muita de sua propaganda eleitoral fora previamente direcionada para a classe trabalhadora urbana, mas com pouco resultado. Ainda que o NSDAP não abandonasse a agitação nas cidades depois de 1928, desviou seu foco para longe dos trabalhadores. Nas cidades, a classe média era o objetivo agora; mas acima de tudo havia uma concentração sobre as áreas rurais e os problemas agrícolas. Isso rendeu enormes dividendos nas eleições para o *Reichstag* em 1930.

Mas nem tudo era um mar de rosas no setor industrial em meados dos anos 1920. A indústria pesada (carvão, ferro e aço) já estava enfrentando problemas de rentabilidade: até mesmo durante o relativamente próspero ano de 1927, as usinas siderúrgicas alemãs funcionavam a não mais do que setenta por cento de suas capacidades. Os industriais demonstraram sua insatisfação muito claramente durante o ano seguinte, quando uma grande disputa industrial aconteceu na região do Vale do Ruhr e os empregadores realizaram um *lockout*, impedindo mais de 250 mil empregados de trabalharem. Se alguns setores da grande indústria não estavam exatamente satisfeitos com a sua situação econômica mesmo em meados dos anos 1920, o mesmo também poderia ser dito de alguns setores do proletariado alemão. É verdade que os salários reais dos trabalhadores aumentaram durante o período 1924-28, mas estes ganhos foram obtidos a certo custo. A introdução de novas tecnologias associadas à produção em série (de maneira mais óbvia nos locais onde correias transportadoras foram introduzidas, mas em outros lugares também) significava uma intensificação do trabalho e um aumento no ritmo de trabalho e no número de acidentes industriais. Mesmo onde não ocorreu um completo processo de modernização tecnológica – e isso era verdade para a maioria das indústrias – o trabalho estava crescentemente sujeito à "administração científica", um desenvolvimento algumas vezes descrito como "taylorismo". Isso significava um elevado controle sobre como os trabalhadores utilizavam o seu tempo nas fábricas, um aumento na divisão do trabalho e uma aceleração do processo de trabalho. Associado a esta "racionalização" econômica estava o fechamento de unidades de produção pequenas e ineficientes. Uma consequência deste desdobramento foram os primeiros sintomas de desemprego *estrutural*, em adição aos usuais desempregos sazonal e cíclico. Depois de 1924, muitos ficaram sem emprego, até mesmo nos anos de prosperidade aparente: o número médio anual de desempregados registrados foi de mais de dois milhões em 1926, 1,3 milhão em 1927, e perto de 1,4 milhão em 1928. Politicamente, o maior beneficiário deste desemprego foi o KPD, que permaneceu forte em muitas regiões industriais, como o Vale do Ruhr e Berlim, mesmo nos anos supostamente "bons" de meados da década de 1920.

O começo da crise econômica mundial, em 1929, fez com que os problemas dos anos intermediários da República de Weimar parecessem quase triviais. O endividamento agrícola alcançou proporções endêmicas, e as promessas nazistas de proteger a agricultura da competição estrangeira, de salvar o camponês e de abaixar os impostos foram recebidas com entusiasmo. As grandes empresas entraram em uma crise de rentabilidade, que as tornou crescentemente hostis à tributação do Estado de Bem-Estar Social e ao reconhecimento dos sindicatos, ainda que a hostilidade à República de Weimar não devesse ser necessariamente igualada ao apoio aos nazistas. Agora ele não poderia bancar, ou assim alegava, os níveis e as concessões salariais que estivera preparado a aceitar nos anos iniciais da República de Weimar, ainda que sob coação. As tentativas de se restaurar a ZAG não obtiveram sucesso. A queda nos preços afetou a viabilidade de muitas empresas e levou, em alguns casos, à falência; em outros, à dispensa, em massa, de trabalhadores. No ponto mais baixo da depressão, em abril de 1932, a estimativa oficial do número de desempregados, provavelmente uma subestimação, não ficava em menos de seis milhões, ou seja, aproximadamente um terço da força de trabalho alemã. (As consequências desta situação para a classe trabalhadora da República de Weimar serão discutidas no devido tempo.) Se o descontentamento das grandes empresas estava fadado a crescer durante a depressão, era ainda mais verdadeiro no que dizia respeito aos pequenos negócios. Sem os amplos recursos dos trustes gigantescos, os empresários menores estavam particularmente vulneráveis à redução dos preços. Também se sentiam ameaçados tanto pelas grandes empresas como pelas grandes lojas varejistas, que poderiam cobrar mais barato do que eles, e pelo proletariado organizado, que era visto como sendo o responsável por aumentar os salários e como uma ameaça ao pequeno proprietário. Esses eram os receios da *Mittelstand* alemã de pequenos homens de negócios, lojistas, artesãos independentes e trabalhadores autônomos, que eram explorados, com grande sucesso, por Hitler e seus seguidores. Há pouca dúvida de que a baixa classe média protestante tenha fornecido um núcleo sólido de apoio nazista.

Até aqui, vimos que a República de Weimar vivia na sombra da derrota, o Tratado de Versalhes, dificuldades constitucionais, partidos políticos fragmentados, ausência de um consenso democrático e uma série de problemas econômicos, dos quais o último – a depressão – provavelmente chegue mais próximo de explicar o momento preciso do colapso da República do que qualquer outra coisa. Entretanto, ela, por si, não explica as escolhas políticas específicas feitas por muitos alemães. É muito fácil passar de uma lista de dificuldades políticas e econômicas para a suposição de que a ascensão do nazismo e o triunfo de Hitler foram inevitáveis, que as dificuldades levaram os "alemães" a procurar por alguma espécie de salvador na pessoa do *Führer*. Ainda assim, devemos tomar cuidado com generalizações sobre os alemães. O mais alto percentual de voto popular conquistado pelo NSDAP, antes de Hitler tornar-se chanceler, no final de janeiro de 1933, foi de somente um pouco mais de 37 por cento, em julho de 1932. Mesmo neste momento, portanto, quase 63 por cento dos eleitores alemães *não* deram seu apoio a Hitler ou ao seu partido. Assim, generalizações sobre os "alemães", que se destinam a explicar o apoio nazista, simplesmente não funcionam. Ademais, os 37 por cento de apoio eleitoral, em julho de 1932, não foram suficientes para levar Hitler ao poder: no sistema de representação proporcional absoluta, o NSDAP ocupava apenas 37 por cento das cadeiras no *Reichstag* e não tinha uma maioria. Ao mesmo tempo, Hindenburg deixou claro que não estava inclinado a indicar como chanceler o arrivista líder nazista, a quem descrevia como o "cabo da boêmia". Além disso, e parcialmente

36 HITLER E O NAZISMO

como resultado disso, a sorte do NSDAP entrou em rápido declínio depois das eleições de julho. Entre julho e novembro de 1932, os nazistas perderam dois milhões de votos. Nas eleições de novembro desse ano, o número de votos combinados dos social-democratas e dos comunistas foi, na realidade, maior do que o conquistado por Hitler e os seus seguidores. Com uma exceção relativamente insignificante, o total de votos nazistas continuou a cair nas eleições locais e regionais antes de Hitler tornar-se chanceler, isto é, entre novembro de 1932 e o final de janeiro de 1933. O Partido Nazista achou-se em uma profunda crise no final de 1932. Ele tinha enormes dívidas, as assinaturas da imprensa do partido estavam em queda, os eleitores conservadores haviam se tornado desconfiados quanto ao envolvimento do NSBO na greve dos trabalhadores do setor de transportes de Berlim, em 1932, e os eleitores protestantes viram com maus olhos as negociações com o Partido de Centro Católico, que ocorrera mais cedo, no mesmo ano. Durante as eleições de novembro, o índice de participação caiu para menos de 81 por cento, o mais baixo desde 1928, e parcelas significativas da sociedade rural mantiveram distância das urnas. Dessa forma, a nomeação de Hitler como *Reichskanzler* não foi o resultado de aclamação pela maioria do povo alemão. Pelo contrário, ela se seguiu a uma série de intrigas políticas com a elite conservadora, que, plausivelmente, achava mais fácil incorporar o líder nazista aos seus planos, precisamente porque sua posição parecia menos forte do que fora no verão de 1932. Estas intrigas serão descritas mais à frente.

O fato de que apenas alguns eleitores alemães – e, na verdade, nem mesmo uma maioria deles – tenham votado nos nazistas torna imperativo descobrir que grupos dentro da nação estiveram mais suscetíveis à propaganda nazista e aos reconhecidos talentos de Hitler como um orador e propagandista. Tem havido uma grande quantidade de pesquisas sobre as bases sociais do apoio nazista; praticamente todos os comentaristas estão de acordo no seguinte: primeiro, o apoio eleitoral nazista era muito mais forte na Alemanha protestante do que na católica. Na Alemanha católica urbana (Aachen, Colônia, Krefeld, Moenchen-Gladbach), os trabalhadores industriais usualmente continuavam fiéis ao Partido de Centro ou mudavam o seu voto para o KPD. Nas áreas rurais católicas, o Partido de Centro ou o seu equivalente bávaro, o Partido Popular da Baviera (BVP), permaneciam dominantes. O sucesso eleitoral nazista na

A REPÚBLICA DE WEIMAR E A ASCENSÃO DO NAZISMO   37

Baviera restringia-se largamente à Francônia protestante. (Como sempre, havia algumas exceções à regra geral: na Silésia os nazistas tiveram bom desempenho nas cidades católicas de Liegnitz e Breslau, bem como nas áreas rurais católicas do Palatinado e em partes da Floresta Negra.) Em julho de 1932, a parcela nazista do número de votos era quase duas vezes maior nas áreas protestantes do que nas católicas. Além disso, os votos para o Partido de Centro (1928: 12,1 por cento do voto popular; 1930: 11,8 por cento; julho de 1932: 12,5 por cento; novembro de 1932: 11,9 por cento) permaneciam mais ou menos estáveis e quase que não foram afetados pelo crescente apoio ao NSDAP. O mesmo aplica-se ao BVP (3,1 por cento; 3,0 por cento; 3,2 por cento; 3,1 por cento). Esta manifestada lealdade aos partidos especificamente católicos era ainda mais acentuada entre as eleitoras do que entre os eleitores.

O fato de Hitler e seus seguidores terem sido geralmente malsucedidos em suas tentativas de atrair apoio nos distritos predominantemente católicos reflete uma verdade muito mais geral sobre a natureza do apoio nazista: ele vinha principalmente de áreas sem lealdades políticas, sociais, ideológicas ou culturais fortes. Na Alemanha católica, assim como na social-democrata, a lealdade dos eleitores aos seus representantes tradicionais era reforçada por uma densa rede de organizações sociais e culturais (sindicatos, clubes de esporte, sociedades corais, associações educacionais e assim por diante), assim como − no caso católico − pelo púlpito.

Segundo, o NSDAP mobilizava uma grande percentagem do eleitorado nos distritos rurais protestantes. Obteve suas primeiras vitórias em 1928, em Schleswig-Holstein e na Baixa Saxônia, mesmo que o seu desempenho geral fosse terrível. Por volta de julho de 1932, o tamanho do seu apoio nesses locais indica que este veio não somente dos pequenos fazendeiros camponeses, mas também de outras partes da sociedade rural, como alguns grandes proprietários e muitos trabalhadores rurais. Em geral, a parcela nazista do total dos votos era muito maior nos distritos rurais do que nos centros urbanos. De fato, quanto maior a cidade, menor tendia a ser o percentual do eleitorado que votava no NSDAP. Em julho de 1932, quando o partido tinha uma média de 37,4 por cento dos votos na nação como um todo, os seus votos nas grandes cidades eram de uns bons dez por cento mais baixos.

No que se refere ao comportamento eleitoral nas cidades, os nazistas gozavam de maior sucesso nas cidades pequenas ou médias do que

38 HITLER E O NAZISMO

nas grandes. Outra vez os historiadores geralmente concordam que um elemento importante do seu apoio eleitoral aqui vinha da *Mittelstand*. No entanto, a pesquisa histórica não está mais preparada para aceitar o antigo estereótipo do NSDAP, como simplesmente um partido da classe média baixa. Uma análise das escolhas eleitorais nas partes mais ricas das cidades protestantes e dos votos daqueles que podiam arcar com as despesas de um feriado longe de casa tem indicado que um número significativo de alemães de classe média alta estava disposto a votar em Hitler, pelo menos em julho de 1932. Os nazistas também gozavam de apoio considerável entre as fileiras dos funcionários de colarinho branco, que formavam um crescente percentual da força de trabalho (mais de vinte por cento, por essa época) e estavam fortemente representados nos quadros do NSDAP. Mais uma vez, entretanto, antigos estereótipos tiveram de ser revistos à luz da pesquisa: funcionários de colarinho branco no setor público (*Beamte*) estavam aparentemente mais dispostos do que aqueles no setor privado (*Angestellte*) a dar seu voto a Hitler. Dentro do setor privado, funcionários de colarinho branco em cargos de supervisão ou de escritório, bem como os que trabalhavam no varejo, estavam mais fortemente inclinados ao nazismo do que aqueles em cargos técnicos. Funcionários de colarinho branco que viviam em grandes cidades industriais e com origens na classe dos trabalhadores manuais estavam relativamente imunes aos apelos do NSDAP e muitas vezes apoiavam o SPD, ao passo que aqueles que viviam nos distritos de classe média ou nas pequenas cidades provincianas, bem como aqueles cujas origens não se encontravam na classe dos trabalhadores manuais, tendiam mais a serem partidários dos nazistas.

Já vimos, então, que o partido de Hitler possuía ampla base de apoio. Também deve se notar que um grande número de alemães ainda estava empregado na agricultura a essa época (quase um terço da força de trabalho) e que os trabalhadores independentes e os funcionários de colarinho branco também eram numerosos. Estamos, portanto, no meio do caminho para se entender como os nazistas puderam adquirir um percentual significativo dos votos. Todavia, há um fator adicional na equação, que tem sido ardentemente debatido: a extensão do apoio da classe operária ao nazismo. Quanto maior e mais industrializada a cidade, menor o percentual dos votos nazistas, apesar de isto ser mais verdadeiro em Berlim, Hamburgo e na região do vale do Ruhr do que nas cidades da Saxônia. Os trabalhadores agrícolas estavam mais inclinados a votar nos nazistas do que os operários das fábricas urbanas. A despeito de um estereótipo aceito, relativamente poucos antigos eleitores do KPD passaram para o Partido Nazista. Em comparação com os representantes da classe média, era bem menos provável que trabalhadores fossem membros do NSDAP ou votassem no partido. Quando o SPD perdeu votos durante a depressão, alguns destes votos foram para os nazistas em 1930 e em julho de 1932, porém os maiores beneficiários das deserções tanto da social-democracia como do Partido de Centro urbano foram os comunistas. De qualquer modo, alguns dos desertores do SPD que seguiram o caminho do nazismo podem muito bem ter sido funcionários de colarinho branco. O enorme crescimento dos votos no NSDAP, entre 1930 e 1932, deixou a votação combinada no SPD/KPD mais ou menos inalterada, novamente sugerindo que os trabalhadores previamente organizados estavam mais imunes à propaganda nazista do que muitos outros grupos na sociedade alemã. As eleições para os conselhos fabris e o número das filiações nos sindicatos também sugerem que o nazista de classe operária não era comum. O resultado global das eleições para os conselhos fabris, em 1931, viu apenas 710 representantes da Organização Nazista das Células Fabris (NSBO) eleitos contra 115.671 sindicalistas livres (de orientação do SPD) e 10.956 cadeiras para os sindicatos cristãos, predominantemente católicos. Em janeiro de 1933, o NSBO tinha cerca de 300 mil membros, em comparação com um milhão de sindicalistas cristãos e mais de quatro milhões de sindicalistas livres.

Essa não é toda a história, no entanto. A pesquisa de Peter Manstein sugeriu em torno de 35 por cento de membros da classe operária no NSDAP (apesar de isso ainda significar uma grande sobrerrepresentação dos membros da classe média e da classe média alta). Conan Fischer demonstrou uma grande presença da classe de trabalhadores manuais nas SA, enquanto o levantamento de Detlev Mühlberger acerca de diversas regiões alemãs sugere grandes variações na presença de membros da classe trabalhadora de um distrito para o outro (de quase dois terços em alguns lugares a menos de um quinto em outros). De maneira geral, ele percebe que o nível de representação da classe operária dentro do NSDAP tem, até aqui, sido subestimado. Ele admite, todavia, que os percentuais tendem a ser maiores entre os trabalhadores rurais e nas pequenas cidades; não é sem importância que a maioria das cidades que ele observou seja de tamanho relativamente pequeno ou mediano. Os estudos eleitorais de Jürgen Falter concluem que aproximadamente um em cada quatro trabalhadores votou nos nazistas em julho de 1932 e que quarenta por cento dos votos do NSDAP vieram da classe trabalhadora. William Brustein crê que até mesmo esses números podem ser uma subestimação. Claus-Christian Szejnmann também identificou conquistas substanciais nazistas entre as comunidades da classe operária na Saxônia, um dos centros tradicionais do SPD.

Parece claro que os nazistas foram capazes de atrair parcelas significativas do eleitorado alemão de classe trabalhadora. Era mais provável que o fizessem em áreas de indústria familiar ou artesanal, como em Plauen, na Saxônia, ou em Pirmasens, no Palatinado, do que nos distritos de indústria pesada, como o Vale do Ruhr ou nas áreas dominadas pela produção fabril. Eram mais bem-sucedidos em conquistar o apoio da classe trabalhadora na Alemanha rural e nas pequenas cidades provincianas do que nas grandes cidades. Um número substancial de trabalhadoras também votou nos nazistas em julho de 1932, como o fizeram antigos trabalhadores agrícolas, trabalhadores para quem o emprego na indústria era uma atividade secundária, e pessoas que viajavam para trabalhar nas cidades, mas que viviam no campo. O que estes diversos grupos de eleitores nazistas da classe trabalhadora tinham em comum era a falta de tradição sindical e/ou mobilização socialista/comunista, já que o centro dos sindicatos e das organizações políticas de esquerda permaneceu nas grandes cidades. O tamanho destes grupos de trabalhadores, anteriormente suborganizados, não deveria ser subestimado. No início dos anos 1930, a agricultura ainda empregava mais de um quinto da força de trabalho, e um terço de todos aqueles empregados na "indústria e produção manual" era autônomo ou trabalhava em empresas com menos de cinco empregados. A indústria artesanal ainda era preponderante entre os fabricantes de sapatos em Pirmasens e em grandes partes da indústria têxtil na Saxônia, assim como na produção de instrumentos e de brinquedos. Mais da metade de todos aqueles registrados como "trabalhadores", no censo ocupacional de 1925, viviam em pequenas cidades ou vilarejos com menos de cem mil habitantes. Deste modo, havia potencial significativo para o sucesso nazista, sem que esse sucesso solapasse o tradicional apoio da classe trabalhadora ao SPD ou ao KPD, que haviam se concentrado amplamente nas grandes cidades. O NSDAP também conseguiu convencer outro grupo de trabalhadores que tinham uma tradição política incomum: os trabalhadores que votaram nos nacionais liberais, antes da Primeira Guerra Mundial, e no DNVP depois desta. Eles tendiam a ser trabalhadores que viviam nas vilas operárias, fornecidas por empregadores paternalistas, como a Krupp, em Essen, e que eram membros dos sindicatos das empresas e estavam ligados às suas companhias através dos regimes de seguros das empresas e dos seus benefícios de aposentadoria. Adicionalmente, alguns dos votos nazistas vinham de trabalhadores dos serviços públicos (gás, água e eletricidade), correios e transporte. Nestes casos, tanto o KPD como o NSDAP beneficiavam-se do fato de que frequentemente eram os governos locais e regionais, liderados pelo SPD, que tinham de cortar os salários dos seus empregados ou dispensá-los durante a depressão (1929-33).

Apesar do exposto acima, os trabalhadores, que constituíam cerca de 54 por cento da força de trabalho alemã, de acordo com Michael Kater, permaneciam sub-representados tanto nos quadros como no eleitorado do NSDAP. Eram os trabalhadores rurais, acima de todas as outras categorias de assalariados, que mais tendiam a votar em Hitler. A alegação, por outro lado, de que os trabalhadores manuais desempregados voltaram-se, em grande número, para Hitler e seus partidários, não pode ser sustentada. Na cidade de Herne, no Vale do Ruhr, o NSDAP teve sua menor votação em áreas com alto desemprego, frequentemente conquistando menos de treze por cento dos votos, até mesmo em julho de 1932. Em tais áreas, o KPD obteve enorme sucesso (entre 60 e 70 por cento dos votos). No Reich, de maneira mais geral, os desempregados estavam concentrados, de forma preponderante, em grandes cidades industriais, precisamente onde os nazistas obtinham piores resultados. O trabalho de Jürgen Falter e Thomas Childers mostra que o NSDAP angariou pouco apoio dos trabalhadores manuais desempregados, que estavam duas vezes mais propensos a votar nos comunistas.

Esta distribuição do apoio aos nazistas levanta diversas questões importantes. Por que, por exemplo, os nazistas foram mais bem-sucedidos na Alemanha protestante do que na católica? Pelo menos parte da resposta repousa no que se tem dito sobre aqueles grupos de trabalhadores mais facilmente influenciáveis pela mensagem de Hitler: o NSDAP foi mais bem-sucedido onde não teve de lidar com lealdades ideológicas e organizacionais pré-existentes fortes. Nos lugares em que estas existiam, como nos redutos social-democratas e comunistas, ele obteve resultados muito piores. O mesmo se aplicava à comunidade Católica Romana alemã, fortemente representada por décadas pelo Partido de Centro (ou o BVP, na Baviera). A lealdade ao partido era reforçada por uma pletora de organizações católicas de lazer e pelo púlpito, a partir do qual o NSDAP era algumas vezes acusado de ateu. Por outro lado, o sucesso nazista na Alemanha protestante rural e de classe média era facilitado pelo fato de que as lealdades políticas por lá eram ou fracas ou não existentes. Aqui, a mensagem de Hitler foi capaz de penetrar, porque as comunidades camponesas em Schleswig-Holstein e na Baixa Saxônia *já* haviam abandonado o DNVP e porque a baixa classe média nas cidades também abandonara os partidos tradicionais burgueses e formara uma série de partidos com interesses específicos. Foi a partir destes que Hitler angariou muito do seu apoio no início dos anos 1930. A importância da tradição e do meio social é também evidente no trabalho de Szejnmann sobre os eleitores da Saxônia. Os social-democratas em Leipzig e Dresden foram bem-sucedidos em defender suas posições contra as investidas dos nacional-socialistas precisamente porque um alto percentual de eleitores do SPD nessas cidades também eram membros do partido e porque existia uma densa rede de organizações culturais e de lazer social-democratas. Nos lugares onde o percentual de membros do partido era baixo em relação ao número de eleitores e à densidade das organizações culturais e de lazer, como em Chemnitz e Zwickau, os nazistas foram muito mais bem-sucedidos. Em Erzgebirge e Vogtland, áreas de vilas industriais e de empresas domésticas na Saxônia, o SPD desintegrou-se quase que completamente, por muitas das mesmas razões.

Outras duas variáveis no comportamento eleitoral precisam ser avaliadas: geração e gênero. O NSDAP tem sido, frequentemente e com razão, retratado como um dinâmico inspirador da juventude e contrastado com a esclerose da direita tradicional. A imagem de juventude vigorosa do NSDAP (de forma especial, das SA) certamente tem algum fundamento. O conjunto dos membros do partido era mais jovem do que o de outros partidos na República de Weimar; e, de acordo com Jürgen Falter, a idade média dos que se juntaram ao NSDAP, entre 1925 e 1932, era de um pouco menos de 29 anos de idade. O fato de os nazistas terem obtido sucesso entre os novos votantes pode, também, refletir a jovialidade do seu eleitorado; a idade média dos lutadores de rua das

SA ficava entre 17 e 22 anos de idade. No entanto, a postura política da juventude não era uniforme, mas dividida até certo ponto, pelo menos de acordo com a classe social, as crenças religiosas e o gênero, assim como era dividido o comportamento eleitoral dos mais velhos. Os jovens desempregados, por exemplo, eram muito mais suscetíveis a se tornarem comunistas. Também é verdade que o NSDAP desfrutava de excelente sucesso com os eleitores idosos. De acordo com Thomas Childers, ser um pensionista era o mais seguro de todos os sinais para se prever o voto nazista. O NSDAP não apenas fez um pedido específico de apoio aos pensionistas, aos idosos e aos veteranos de guerra, que viram o valor de suas pensões e poupanças corroído, mas estes grupos, particularmente as idosas, constituíam o principal reservatório de antigos não eleitores no início dos anos 1930!

Durante a maior parte da República de Weimar, as mulheres exerciam o seu direito ao voto com menos frequência do que os homens, especialmente nas áreas rurais. Quando votavam, elas algumas vezes seguiam a liderança de seus pais e maridos, embora nem sempre. É verdade que o voto feminino se dividia de acordo com critérios de classe, crenças religiosas e região, assim como o masculino; mas, apesar disso tudo, ele permanecia distinto. Em 1930, 3,5 milhões de mulheres votavam no SPD; e muito menos mulheres do que homens abandonaram o partido para se juntar aos comunistas durante a depressão. Por outro lado, muito poucas mulheres votavam no KPD. De modo oposto, as mulheres eram mais propensas do que os homens a votarem nos partidos ligados às igrejas (DNVP, se protestantes, e o Partido de Centro, se católicas). Até 1930, elas não costumavam votar nos nazistas; mas isso então mudou. A diferença nos votos dos homens e das mulheres a esse respeito diminuiu bem marcadamente entre 1930 e julho de 1932, quando 6,5 milhões de mulheres deram os seus votos ao NSDAP. É provável que estas fossem mulheres com poucas ligações políticas anteriores. Se proviessem da classe trabalhadora, provavelmente eram trabalhadoras domésticas ou têxteis não sindicalizadas.

Os assuntos levantados pela propaganda eleitoral nazista com o intuito de mobilizar esse apoio eram muitos e variados. Dentre estes, quase todos os comentaristas concordam que os mais importantes eram o nacionalismo, a condenação do Tratado de Versalhes e o antimarxismo, embora se deva acrescentar que este último significava oposição, não apenas aos comunistas, mas também ao SPD, aos sindicatos o direito trabalhista e a legislação de bem-estar. Os aspectos desta hostilidade, inclusive às políticas do Estado de Bem-Estar Social, serão discutidos detalhadamente mais à frente. Na maioria dos estudos locais, de acordo com as investigações contemporâneas de Theodore Abel, o antissemitismo aparentemente *não* desempenhou um papel relevante, nem na propaganda eleitoral, nem como um fator de mobilização, apesar do comprometimento da liderança nazista com essa causa e de suas terríveis consequências durante o Terceiro Reich. No entanto, se o apelo nazista apoiara-se somente na retórica nacionalista e antibolchevista, é difícil perceber por que razão o NSDAP deveria ter conquistado muito mais apoio do que os nacionalistas tradicionais no DNVP, cuja mensagem era igualmente nacionalista e rancorosamente hostil à ameaça socialista. Parte da explicação, pelo menos, é que os nazistas foram capazes de combinar as platitudes da direita alemã com uma mensagem populista e contra as instituições oficiais. O partido nunca esteve envolvido com o governo durante o período da República de Weimar e, portanto, escapou da necessidade de ter de adotar decisões impopulares, o que até mesmo o DNVP teve de fazer em algumas ocasiões. Os seus líderes eram relativamente jovens e não estavam associados tanto com a elite social tradicional ou com a elite política estabelecida. O NSDAP também fazia promessas de proteção ao homem comum, ao pequeno fazendeiro e ao pequeno lojista, não apenas contra os marxistas, mas também contra as grandes empresas e as grandes lojas. Às grandes empresas, por outro lado, o NSDAP prometia a demolição do sistema de relações industriais da República de Weimar, a destruição do poder dos sindicatos e a restauração do direito de administrar seus negócios. Para as mulheres, os nazistas prometiam o retorno à moral tradicional e aos valores familiares. Interessantemente, os partidos que pensavam, ao menos parcialmente, em questões relacionadas à emancipação feminina – o SPD e especialmente o KPD – não obtinham tão bons resultados entre as eleitoras.

Está claro que os nazistas estavam frequentemente prometendo coisas diferentes para pessoas diferentes; algumas vezes, coisas que eram incompatíveis, especialmente no que dizia respeito à política econômica. Como era possível? Existiam vários fatores que contribuíam para isso. Um era o fato de que o principal elemento de campanha eleitoral à época eram os encontros políticos locais: não havia a cobertura nacional instantânea pela mídia, à qual ficamos acostumados nos dias de hoje. A televisão não existia. O rádio era controlado pelo governo da ocasião e ainda estava limitado a um número relativamente pequeno de lares. A maioria dos jornais era local ou ligado a organizações políticas específicas. Outra razão era a facilidade com que os diversos grupos de partidários nazistas descritos anteriormente podiam se unir em torno dos temas principais, mas genéricos, da propaganda do NSDAP: nacionalismo, hostilidade ao socialismo e à confusão política da República de Weimar, assim como a moral tradicional e os valores familiares. Contudo, é importante perceber que o impacto dessa propaganda não foi simplesmente o resultado da habilidade de Goebbels na exploração de símbolos e comícios ou no inegável talento de Hitler como orador. Também era consequência de um profissionalismo eleitoral manifestado de duas formas específicas: primeiro, o fato de a mensagem nazista alcançar partes da Alemanha onde os outros partidos não chegavam; segundo, a preocupação com determinados grupos de interesse com mensagens específicas. No primeiro caso, o NSDAP enviava os seus oradores, incluindo algumas de suas principais figuras, aos distritos rurais e às pequenas cidades, que eram frequentemente negligenciadas pelos partidos políticos mais antigos. No segundo caso, a seção de propaganda do NSDAP treinava seus oradores a abordarem assuntos locais e concretos, como, por exemplo, problemas agrícolas em Schleswig-Holstein (preços do porco) ou a ameaça aos pequenos lojistas, em Hanover, criada pela construção de uma loja Woolworth na cidade. Assim, o seu sucesso não era apenas o resultado da expressão de slogans genéricos ou da suposta "irracionalidade" das massas, mas também do fato de que o partido chamava a atenção para as preocupações materiais específicas e imediatas de muitos alemães. William Brustein argumenta, de forma semelhante, que o keynesianismo nazista se voltava para os problemas dos desempregados, apesar do fato de a maioria destes manterem-se distantes do nazismo tornar tal explicação problemática neste caso.

O que é indubitavelmente verdade é que os nazistas dedicavam muito mais tempo e esforço a manobras eleitorais do que qualquer outro partido. Apenas na Francônia Central (norte da Baviera), eles organizaram dez mil encontros durante a corrida para as eleições nacionais de 1930. Em abril de 1932, o NSDAP deu o criativo passo de distribuir cinquenta mil cópias de um dos discursos de Hitler; durante a eleição presidencial, Hitler proferiu nada menos do que 25 grandes discursos entre 16 e 24 de abril do mesmo ano.

Com todo o apoio que poderia mobilizar antes de Hitler ter se tornado chanceler, o NSDAP ficou aquém da maioria absoluta e, como já vimos, adentrou uma grande crise depois de julho de 1932. O mito da invencibilidade do partido fora abalado, o partido estava ficando sem fundos e, como Goebbels admitiu, o moral estava baixo. Apesar disso, até o final de janeiro de 1933, Hitler seria chanceler. O que tornou sua indicação possível foi o que poderia ser descrito como um acordo entre, de um lado, o movimento nazista de massas – Hitler nunca teria sido levado a sério, não fosse o tamanho do seu apoio eleitoral – e, de outro, políticos e grupos conservadores chave. Formulado de outra maneira, não foram apenas Hitler e os nazistas que quiseram se livrar da República de Weimar; o mesmo aplicava-se a diversos grupos da elite que vieram a desempenhar um papel importante na tomada de decisões entre 1930 e 1933. A Revolução de Novembro de 1918 falhara ao não remover de suas posições professores, burocratas, juízes e oficiais do exército que haviam servido durante o período imperial e que nunca se sentiram atraídos pelos valores da democracia parlamentar. Os juízes distribuíam sentenças irrisórias a assassinos ou conspiradores de extrema direita, como no caso do próprio Hitler depois do *Putsch* da Cervejaria. Professores no *Gymnasien* (o equivalente alemão aos cursos preparatórios para a universidade) e muitos professores universitários continuavam a pregar valores imperiais e nacionalistas. A relação entre a oficialidade e a República esteve tensa desde o início, como ficou demonstrado pela tentativa de extrema direita de tomar o poder em 1920, o assim chamado *Putsch* de Kapp, batizado em homenagem ao seu líder maior. Pois, embora o exército não tenha se unido aos golpistas, recusou-se a agir contra eles. Os grandes proprietários de terras a leste do rio Elba, os aristocráticos *Junker*,[1] não eram nem um pouco mais inclinados em relação ao sistema da República de Weimar e continuavam a ter uma influência considerável – em especial com relação ao presidente Hindenburg, que era um dos seus. Com o colapso do governo de coalizão em 1930 e o governo por decreto presidencial, as maquinações desses grupos de pressão tornaram-se cada vez mais cruciais, levando Hitler, por fim, ao posto de chanceler.

---

1 Termo que designa os nobres grandes proprietários de terra na Alemanha (*N. do T.*).

A hostilidade dos *Junker* e dos oficiais do exército à República de Weimar, no entanto, não era apenas um caso de "tradicionalismo" conservador, mas estava, também, ligada a preocupações bem modernas e materiais. A hostilidade à República de Weimar no interior da oficialidade, por exemplo, era frequentemente percebida nos tecnocratas mais jovens, de origem não aristocrática. O seu interesse não era restaurar a tradição, mas a modernização do exército. Para eles, o problema era que tal modernização não era exequível no interior de um sistema político no qual tivessem de competir em financiamento com as diferentes reivindicações feitas por social-democratas e sindicalistas. Em resumo, eles acreditavam que a República de Weimar estivesse gastando demais com bem-estar e não o suficiente com armamentos. Igualmente, as preocupações dos grandes proprietários eram resultado das crises econômicas e do endividamento crônico que vinha atingindo a comunidade agrícola. Todavia, eles não culpavam as forças do mercado internacional por seus problemas, mas, em vez disso, o sistema da República de Weimar. Privilegiados e protegidos antes da Primeira Guerra Mundial, eles agora tinham de competir com os interesses industriais e dos consumidores e achavam-se sujeitos a impostos para custear a reforma da assistência social, já que a República de Weimar, sob a influência do Partido Social Democrata e do Partido de Centro, tornara-se um Estado de Bem-Estar Social. Ela aumentou os benefícios dos auxílios à invalidez e à doença, assim como o das pensões, e introduziu um sistema de auxílio-desemprego. Conjuntos habitacionais eram construídos em grande número, assim como parques, estádios e banhos públicos. Esses benefícios, que, naturalmente, se destinavam, em primeiro lugar, à classe trabalhadora urbana, tinham de ser pagos com aumentos de impostos, o que provocava fortes ressentimentos nas áreas rurais. Em 1932, os fazendeiros alemães também se preocupavam com a possibilidade de um acordo de comércio bilateral com a Polônia, que apresentava a ameaça de mais importações agrícolas baratas. Dessa forma, os receios das influentes elites militar e agrária eram de natureza bem concreta e não necessariamente de natureza "tradicionalista".

As preocupações da comunidade de empresários alemã não eram diferentes. A relação entre as grandes empresas e o nazismo, de há muito, tem sido controversa; mas parece que algumas coisas podem ser ditas com algum grau de certeza, especialmente depois da pesquisa de Henry Ashby Turner. Em primeiro lugar, o NSDAP não carecia de financia-

48 HITLER E O NAZISMO

mentos externos provenientes dos capitães de indústria: suas próprias atividades (a cobrança pela entrada nas reuniões e a venda de cigarros e água mineral) eram, na maioria dos casos, autofinanciáveis. Em segundo lugar, o comportamento do barão do ferro e do aço Fritz Thyssen, que proveu os nazistas com fundos e de fato se tornou membro do partido, não era típico da comunidade de empresários como um todo. Mais típico era o exemplo do grupo empresarial Flick KG, que deu dinheiro para praticamente qualquer partido político, com exceção do SPD e do KPD, como uma espécie de seguro político. Muito mais fundos industriais foram parar no DNVP e no DVP do que no Partido Nazista. Era mais provável encontrar os patrocinadores de Hitler entre os pequenos homens de negócios do que entre os grandes magnatas do mundo industrial. Tudo isso é verdade; mas eu argumentaria que as questões sobre a relação entre determinados capitães de indústria e o NSDAP são talvez menos importantes do que o fato de que o setor industrial de modo geral se tornou mais e mais ressentido com a República de Weimar e hostil a ela. Os empresários alegavam que a tributação para a assistência social estava levando-os à falência e que os sindicatos possuíam poder em demasia. Esta última reclamação relacionava-se ao fato de que os empregadores eram obrigados a reconhecer os sindicatos; que os acordos salariais coletivos eram executáveis juridicamente; e que um sistema de intervenção estatal nas disputas industriais era tido como responsável por ter deixado os salários artificialmente altos. A legislação adicional impunha certos controles à administração e era igualmente malvista. O resultado final era que a maior parte do setor industrial queria livrar-se do sistema da República de Weimar, mesmo que ele não fosse, nem necessariamente, nem em sua maioria, nazista. Ainda que o papel do mundo dos negócios nas intrigas políticas do final de 1932 e do início de 1933 fosse provavelmente muito menos relevante do que o dos interesses militares e agrícolas, que tinham muito mais peso para o presidente Hindenburg, os homens de negócios, apesar de tudo, formavam mais um grupo, na sociedade alemã, relutante em apoiar a República de Weimar em seu momento decisivo.

A capacidade das diversas elites e grupos de pressão de influenciar a tomada de decisão durante os últimos anos da República de Weimar baseava-se no fato de que o governo parlamentar entrara em colapso em 1930, isto é, na verdade algum tempo antes da tomada de poder pelos nazistas. De 1928 até março de 1930, a Alemanha foi governada por uma coalizão precária liderada pelo social-democrata Hermann Müller, que incluía representantes do Partido de Centro, do BVP, do DDP e até do DVP. Essa coalizão teve de lidar com o impacto da depressão. Cada vez mais, o SPD, influenciado pelos seus aliados nos sindicatos, e o DVP, fortemente associado a certos interesses das grandes empresas, encontraram-se em desacordo sobre as políticas econômica e financeira, de forma geral, e, em particular, sobre como os fundos do auxílio-desemprego deveriam ser custeados. Essencialmente, o SPD desejava manter o benefício ao passo que o DVP pensava que se devesse dar prioridade ao corte dos gastos governamentais. A consequência desse impasse foi a renúncia do gabinete Müller em 27 de março de 1930. Assim, terminava o último governo parlamentar da República de Weimar; já que o foco do processo de tomada de decisão passou do *Reichstag* para o presidente Hindenburg e aqueles que tinham influência sobre ele, em particular o General Kurt von Schleicher, que passou a falar em nome do exército na arena política.

Nem Hindenburg nem Schleicher pensaram em alternativas para se tentar costurar mais uma coalizão instável em março de 1930. Queriam a volta de um governo firme e decidido. Como resultado, os posteriores gabinetes do novo chanceler, Heinrich Brüning, não precisaram confiar em votações majoritárias no parlamento para aprovar leis. De qualquer modo, não teriam conseguido produzir uma maioria parlamentar, especialmente depois dos grandes ganhos eleitorais do NSDAP e do KPD nas eleições de setembro de 1930. No entanto, podiam fazer com que o presidente assinasse decretos de emergência. Desta forma, Brüning levou a cabo políticas de corte de gastos governamentais e de redução dos benefícios de assistência social, posições que eram tidas como altamente desejáveis, segundo os interesses agrários e do mundo dos negócios. Apesar disso, este sistema de governo por meio de "gabinetes presidenciais" estava repleto de dificuldades, devido à sua dependência da boa vontade de Hindenburg e de seus conselheiros. À medida que a crise econômica se aprofundava, estimulada pelas políticas deflacionárias de Brüning, à medida que a agricultura ficava cada vez mais endividada e insistente em suas demandas por proteção e à medida que a maioria dos negócios se encontrava ante uma crise de rentabilidade, mais altas ficavam as vozes daqueles que desejavam derrubar o chanceler. Uma boa parte das grandes empresas não se encontrava necessariamente insatisfeita com a sua atuação, mas os barões do ferro, do aço e do carvão, afetados de forma especial pela depressão, pensavam que ele não avançara o suficiente no desmonte progressivo da legislação trabalhista e da tributação para o bem-estar social. O *lobby* agrário, dominado por proprietários de terra *Junker*, também começou a se movimentar pelo afastamento de Brüning, colocando, na cabeça do presidente, a ideia de que um plano para se apropriar das propriedades agrícolas insolventes nas províncias do Leste e recolonizá-las era uma forma de "bolchevismo agrário". Concomitante e talvez decisivamente, Schleicher estava ficando cada vez mais desapontado com Brüning; embora Hindenburg e Schleicher não fossem amantes de governos de coalizão e desejassem governos "fortes", tinham esperança de que tal governo obtivesse alguma forma de mandato popular, o que Brüning era evidentemente incapaz de oferecer. Como resultado, Schleicher começou a se envolver em uma série de intrigas nos bastidores para tentar obter tal apoio, ao atrair Hitler e outros políticos para discussões cujo objetivo era o de chegar a alguma forma ampla de frente política "burguesa". Embora essas tortuosas negociações políticas não tenham chegado a lugar algum, no curto prazo, as dificuldades de Brüning em obter apoio levaram Hindenburg a exigir sua renúncia. Em 30 de maio de 1932, o chanceler renunciou, para ser substituído por Franz von Papen, também um membro do Partido de Centro, mas alguém cujos pontos de vista ficavam bem mais à direita da linha política geral do partido.

A política, agora, adentrava um caminho decididamente mais reacionário: Papen reduziu drasticamente o valor dos pagamentos da assistência social, revogou as proibições anteriores que recaíam sobre as SA (as tropas de assalto nazistas) e dissolveu o governo social-democrata do Estado da Prússia. Mas embora ele provavelmente estivesse fazendo o suficiente para agradar a maioria dos círculos conservadores (e Hindenburg não estivesse desejoso de retirá-lo do cargo), Papen, assim como o seu predecessor, entrava agora em choque com Schleicher, devido à sua inabilidade em angariar um amplo mandato popular. Papen não estava de acordo com Hitler, e o seu "gabinete dos barões" só podia contar com o apoio do DNVP, do DVP e do BVP. As intrigas de bastidores continuavam. Schleicher disse a Hindenburg que o exército tinha perdido sua confiança no chanceler e, em 2 de dezembro de 1932, o próprio Schleicher assumiu o cargo de chefe de governo. Em suas tentativas para encontrar o tipo de mandato que faltara aos seus dois predecessores, o novo chanceler empreendeu uma série de manobras arriscadas, envolvendo conversações com líderes sindicais e pessoas da ala esquerda do Partido Nazista. Desnecessário dizer que os círculos conservadores ficaram muito incomodados com esses desdobramentos, como também ficaram com o aparente comprometimento de Schleicher com políticas reflacionárias, para se contrapor à depressão. Isto, e o fato de não ter obtido sucesso em suas intrigas políticas a fim de conseguir o mandato mais amplo de que precisava, deixou Schleicher vulnerável ao mesmo tipo de manobra que ele próprio vinha praticando já há mais tempo. Os conservadores em torno de Papen finalmente se viram capazes de chegar a um acordo com Hitler, propondo um governo de extrema direita com mandato popular (o amplo respaldo eleitoral do NSDAP), apesar de, como Henry Turner mostrou, ter sido incerto, até o último minuto, se seria alcançado um acordo para indicar Hitler. De qualquer forma, Hindenburg estava finalmente preparado para apontar Hitler como chanceler; e ele foi devidamente nomeado para a posição em 30 de janeiro de 1933. Na ocasião os nazistas eram minoria no novo gabinete, e políticos mais velhos, como Papen, pensavam ser capazes de controlá-lo.

As intrigas que levaram Hitler ao poder baseavam-se no fato de conservadores e nazistas partilhavam muitos valores – dentre os quais, o nacionalismo, o anticomunismo e uma forte antipatia pela República de Weimar – e na crença totalmente desastrosa dos conservadores de que seriam capazes de controlar e frear o *Führer*. Tal colaboração não é, portanto, surpreendente. Talvez o mais estarrecedor é que aqueles que seriam as primeiras vítimas políticas do novo regime, ou seja, social-democratas e comunistas, parecem ter feito tão pouco para evitar a tomada de poder pelos nazistas. Geralmente, a responsabilidade por isso tem sido atribuída à trágica divisão entre o SPD e o KPD e à maneira como os dois partidos gastaram tanto tempo atacando um ao outro. Os comunistas acreditavam que o capitalismo adentrara uma crise final, que o fascismo fora um esforço de último momento para manter o sistema capitalista e que a revolução proletária estava, agora, em pauta. Tudo o que poderia impedir tal revolução, acreditavam, era a atividade dos social-democratas, afastando a classe trabalhadora alemã do caminho revolucionário. Assim, segundo os comunistas, o SPD havia se tornado

um sustentáculo do capitalismo e era acusado, pelo KPD, de ser "social-
-fascista". Não há dúvida de que essa atitude foi suicida e que levou a
uma grosseira subestimação da ameaça nazista. Todavia, essa é apenas
parte da história.

Primeiro de tudo, não é correto dizer que o KPD não tenha atacado os nazistas: na verdade os seus membros suportaram a maior parte do
impacto das brigas de rua contra os Camisas Marrons. Segundo, o SPD
também subestimou a ameaça fascista. Terceiro, a liderança do próprio
SPD foi, pelo menos, parcialmente responsável pela cisão nas fileiras do
movimento operário alemão, como resultado do seu comportamento
contrarrevolucionário quando esteve no governo logo depois da Grande
Guerra, e também pelas políticas repressivas adotadas pelos chefes de
polícia social-democratas face às manifestações de comunistas e de desempregados, especialmente as do Primeiro de Maio de 1929, quando ma-
nifestantes em Berlim foram mortos pela polícia. Vereadores social-democratas eram, também, frequentemente responsáveis por cortes salariais
e demissões para equilibrar o orçamento nas crises financeiras da depressão, enquanto nacionalmente o SPD não oferecia nenhuma alternativa às
políticas deflacionárias de Brüning e Papen.

No entanto, a inabilidade do SPD e do KPD em chegar a um acordo não era resultado apenas de divisões políticas no nível das lideranças.
Era também uma consequência da fragmentação social e econômica da
classe trabalhadora alemã como resultado do desemprego em massa e de
longo prazo. Cada vez mais, o SPD era um partido de trabalhadores
respeitáveis, empregados e mais velhos, ao passo que o KPD era majori-
tariamente composto por trabalhadores desempregados e mais jovens,
que viviam em distritos com alta criminalidade. O desemprego colocava
os desempregados contra os empregados, trabalhadores mais jovens contra os mais velhos, homens contra mulheres, região contra região e fábrica contra fábrica na competição por emprego. Aqueles que tinham
emprego sentiam medo de perdê-lo e aqueles que não tinham eram in-
capazes de realizar uma ação radical e, à medida que o tempo passava,
afundavam em uma passividade cada vez mais profunda. Diferente de
1920, quando o *Putsch* de Kapp fora derrotado por uma greve geral, a
depressão não oferecia tal possibilidade, com mais de seis milhões de
alemães desempregados. Mesmo se o movimento trabalhista alemão fosse unido, é ainda muito improvável que pudesse ter resistido à tomada de

A REPÚBLICA DE WEIMAR E A ASCENSÃO DO NAZISMO   53

poder pelos nazistas com algum grau de sucesso, visto que os trabalhadores se viam isolados, não apenas contra os nazistas, mas contra todo o resto da sociedade alemã. De qualquer forma, não teriam sido páreo para o exército. Há, também, evidências consideráveis de que a experiência do desemprego era tão devastadora para muitos trabalhadores, especialmente para os desempregados por longos períodos, que era mais provável resultar em apatia e resignação do que em ação radical.

No final de janeiro de 1933, Hitler foi nomeado chanceler em um gabinete de coalizão que continha apenas três nazistas e uma maioria de conservadores e nacionalistas, que pensaram que seriam capazes de controlá-lo. Os social-democratas esperavam que o período de Hitler no poder tivesse curta duração e que as próximas eleições o removessem do cargo. Em ambos os casos, as esperanças mostraram-se tragicamente erradas.

3

O Estado nazista e a sociedade

Quando o presidente Hindenburg nomeou Hitler chanceler, em 30 de janeiro de 1933, havia apenas dois outros nazistas, Hermann Göring e Wilhelm Frick, no Ministério. O fato de os nazistas terem sido capazes de consolidar o seu poder tão rapidamente nos meses subsequentes foi, em parte, uma consequência da posição de Hitler como chanceler e líder do maior partido do Reich. Com o apoio de Hindenburg ele podia governar por meio de decretos de emergência. A posição de Göring, como ministro do interior da Prússia, também foi crucial, pois ele usou o seu poder sobre o maior e mais importante Estado alemão para controlar indicações para a polícia e pôr fim a qualquer ação policial contra a SA, a SS ou a organização paramilitar nacionalista, *Stahlhelm*. Na verdade, essas três organizações foram agregadas às operações policiais em 22 de fevereiro de 1933 e foram responsáveis pelo espancamento e prisão de um grande número de social-democratas e comunistas, além de judeus. A posição de Hitler foi posteriormente fortalecida pelo fato de os nazistas primeiro agirem contra a esquerda alemã, contra comunistas e social--democratas, o que era muitas vezes recebido com prazer pelos partidos de classe média, que eram virulentamente antissocialistas, gerando neles um falso sentimento de segurança.

Em fevereiro de 1933, Hitler persuadiu seus colegas conservadores a concordarem com a convocação de novas eleições com a promessa de que esta seria a última vez em que os alemães seriam chamados a votar por um bom tempo. Decretos de emergência proscreveram os jornais hostis

O ESTADO NAZISTA E A SOCIEDADE   55

e os encontros políticos, mesmo antes de o fogo ter destruído o prédio do *Reichstag* em 27 de fevereiro. Poucos historiadores agora acreditam que os próprios nazistas tivessem organizado a conflagração, mas eles certamente exploraram o evento, formulando um decreto de emergência suspendendo a liberdade de imprensa, de expressão e de associação. Os direitos e as liberdades individuais efetivamente desapareceram e a polícia auxiliar (composta, essencialmente, por homens da SA, SS e *Stahlhelm*), que Göring criara, ficou de prontidão contra os adversários políticos dos nazistas. Surpreendentemente, a despeito da atmosfera de terror e intimidação e da virtual impossibilidade de o KPD e do SPD montarem algo que se assemelhasse às suas usuais campanhas eleitorais, o NSDAP ainda assim falhou em conquistar a maioria do voto popular, apesar de um significativo aumento do comparecimento às urnas. Nestas eleições, que se realizaram em 5 de março de 1933, o Partido de Centro Católico aumentou sua votação de 4,2 para 4,4 milhões de votos; a votação do SPD caiu, mas relativamente pouco, e o KPD, embora tenha enfrentado a maior parte dos ataques nazistas, perdendo mais de um milhão de votos, conseguiu conquistar o apoio de mais de 4,8 milhões de eleitores alemães. Hitler e o seu partido obtiveram um pouco menos de 44 por cento do total de votos, o que ainda não representava uma clara maioria, mas o bastante para capacitá-lo a formar uma maioria no *Reichstag*, em aliança com o DNVP, que amealhou oito por cento do total dos votos apurados. Em 23 de março de 1933, essa maioria foi usada para implementar a assim chamada Lei de Habilitação, por meio da qual o governo de Hitler poderia governar sem a necessidade de suas ações serem autorizadas, seja pelo *Reichstag*, seja por decreto presidencial.

Coincidindo com essas mudanças "constitucionais" no centro político, nas localidades, o Partido Nazista, algumas vezes por iniciativa própria, outras com o apoio oficial, embarcara em uma campanha de violência contra os seus adversários políticos. Destarte, a tomada de poder esteve longe de ser pacífica. No âmbito local, os nazistas interferiram na administração e no curso da justiça, bem como na vida comercial. Em Brunswick, a vingança foi particularmente amarga: os prédios do KPD e do SPD foram atacados; seus bens, apreendidos, e os membros dos partidos, espancados. Em alguns lugares, prisões temporárias ou campos de concentração "selvagens" foram montados pela SS, a SA e a polícia, como nas docas de Vulkan, no porto de Stettin, no norte da Alemanha, e o cinema Columbia, em Berlim, onde, já a partir de março e abril de 1933, dezenas de milhares de comunistas e social-democratas ficaram detidos e alguns torturados e assassinados. Apesar de alguns funcionários públicos pensarem que o que estava acontecendo fosse temporário (um prólogo necessário à normalização), na realidade a situação tornou-se permanente. Essa violência inicial dirigida contra a esquerda alemã não era, infelizmente, impopular para muitos alemães de classe média, mas, ao contrário, parece ter encontrado um certo grau de aprovação.

A combinação de iniciativas do governo central com ativismo local também deram um fim aos poderes de vários *Länder* (os Estados, por exemplo a Prússia e a Baviera) dentro da Alemanha, que permaneceu federal em sua estrutura até 1933. Em 9 de março, Epp realizou um golpe em Munique, expulsando o antigo governo e trocando-o por membros do Partido Nazista. Comissários da polícia do Reich, indicados por Frick, também removeram as antigas autoridades em Baden, Württemberg e na Saxônia. Então, na primeira semana de abril, governadores do Reich assumiram o poder em todos os estados alemães: todos os dezoito eram nazistas; a maioria deles, *gauleiter*. O processo de subordinação dos *Länder* ao governo central foi finalmente completado pela legislação, que passou a vigorar a partir de 30 de janeiro de 1934.

Outros passos foram dados para consolidar o controle nazista sobre o Estado e a sociedade. O serviço público viu-se livre de oponentes políticos e judeus (com a exceção, devido à insistência de Hindenburg, dos judeus que serviram durante a Grande Guerra). Grupos de pressão independentes e partidos políticos foram dissolvidos ou declarados ilegais. Os sindicatos foram dissolvidos em 2 de maio de 1933 e os seus bens, desapropriados. Em junho, o SPD foi proscrito. Os diversos partidos de classe média, geralmente de acordo com a violência dirigida contra a esquerda, mas ao mesmo tempo intimidados por ela, não ofereceram resistência alguma e dissolveram-se em junho; o Partido Católico de Centro fez o mesmo em julho. (O KPD, desnecessário dizer, já era ilegal havia algum tempo.) Assim, em meados de 1933, seis meses depois de Hitler ter se tornado chanceler, a Alemanha era um Estado de partido único. As igrejas continuavam a desfrutar um certo grau de independência organizacional, mas nesse aspecto elas eram praticamente a única exceção. Apenas uma instituição permanecia intocada – por ora: o exército. Hitler estava ciente de que a interferência nesse ponto poderia provocar um desafio sério, possivelmente fatal, ao seu regime, especialmente enquanto Hindenburg ainda estivesse vivo e, por conseguinte, procurou conquistar a lealdade militar (não especialmente difícil, tendo em vista muitos dos seus objetivos), em vez de entrar numa luta de poder com os generais.

A consolidação do poder dos nazistas apoiava-se sobre uma mistura de mudança constitucional dirigida pelo governo central com inequívoca violência no âmbito local. Muito dessa violência era obra da organização das tropas de assalto nazistas, a SA, sob a liderança de Ernst Röhm. Ao mesmo tempo, no entanto, rivalidades pessoais e organizacionais no interior do movimento nazista geravam hostilidades em relação a Röhm e a SA, como, por exemplo, no caso da SS e o seu líder Heinrich Himmler. E a existência, dentro da SA, de algumas ideias radicais sobre mudança social, uma espécie de "segunda revolução", causava ainda mais inquietação. A mais crucial de todas era que o exército ficava mais e mais preocupado com o que considerava como uma tentativa da SA de usurpar o seu papel e a sua autoridade. O resultado, que deixou uma boa impressão de Hitler junto às elites e ao povo alemão, foi a assim chamada "Noite dos Longos Punhais", em 30 de junho de 1934, quando a Gestapo e a SS prenderam e executaram a liderança da SA. Daí em diante, a posição de Hitler ficou praticamente inexpugnável. Depois da morte de Hindenburg, em 2 de agosto de 1934, o exército fez um juramento de lealdade pessoal a Hitler, assim como o fez o funcionalismo público.

O Estado nazista que emergiu desses desdobramentos era um que não tolerava nenhuma forma de oposição e que procurava não apenas reprimir e destruir todas as alternativas, mas também mobilizar a mente de todo o povo sob a liderança do *Führer*, mediante uma propaganda ativa. Os meios de comunicação foram tomados pelas agências do Ministério da Propaganda de Joseph Goebbels, que também organizou os comícios de massas e as celebrações públicas do Terceiro Reich. Os planos de estudos das escolas e universidades foram alterados a fim de reproduzir o racismo primitivo e a visão geopolítica da liderança nazista. Os trabalhos daqueles com diferentes convicções foram banidos e queimados. O funcionalismo público, como já vimos, foi purgado de elementos dissidentes, enquanto grupos de pressão anteriormente independentes foram tomados pelo NSDAP. No lugar dos sindicatos, foi criada a Frente Trabalhista Alemã (DAF) sob a liderança de Robert Ley. Teoricamente,

58 HITLER E O NAZISMO

essa era para ser uma organização que reconciliava os interesses previamente conflitantes de trabalhadores e empregadores. Na prática, apesar de ocasionalmente causar problemas para alguns empregadores, ela tornou-se um mecanismo para controlar os trabalhadores (as greves eram ilegais no Terceiro Reich). Certamente, não funcionava como um sindicato, pois não desempenhava nenhum papel na determinação das taxas salariais. As organizações nazistas permeavam a vida privada da mesma forma que a pública. Recusar-se a permitir que uma criança se juntasse à Juventude Hitlerista ou à Liga das Moças Alemãs podia ser perigoso, enquanto diversas atividades esportivas e de lazer eram organizadas por intermédio do movimento "Força através da Alegria" (*Kraft durch Freude*). Organizações de ex-soldados, clubes de ciclismo e de tênis e até mesmo associações de jardinagem foram abarcados por este processo de coordenação, da mesma forma que a vida *social* independentemente organizada virtualmente desapareceu.

A dissolução das organizações independentes que se interpunham entre o cidadão individual e o Estado é de suma importância na compreensão da aparente passividade do povo alemão entre 1933 e 1945. Mesmo em sociedades pluralistas liberais, a capacidade dos indivíduos para se defenderem frequentemente depende de sua habilidade em se agrupar e ganhar o apoio institucional de grupos de pressão (sindicatos e associações profissionais). A destruição das organizações independentes no Terceiro Reich, um Estado terrorista e de partido único, como veremos, simplesmente obliterava a estrutura necessária à ação. Nesse contexto, não é, portanto, surpreendente que as formas mais abertas de resistência ao governo nazista viessem do exército e das igrejas, quer dizer, a partir de lugares onde a dissidência ainda pudesse ter algum suporte institucional. Isso também explica a ampla privatização da vida diária no Terceiro Reich (muito contrária aos desejos nazistas), a retirada da arena pública e política, registrada por tantos historiadores orais. A dificuldade de dissensão era adicionalmente misturada ao fato de que o sistema nazista se baseava sobre o que pode legitimamente ser descrito como terror institucionalizado.

No Terceiro Reich as liberdades civis cessaram de existir. Não havia recurso nas cortes nazificadas contra as ações do NSDAP, da SA, da SS, do Serviço de Trabalho ou da *Wehrmacht*. A menor demonstração de discordância era provavelmente recebida com espancamento, seguido de prisão e encarceramento ou envio a um campo de concentração. O primeiro desses campos foi erigido em Dachau, ao norte de Munique, já em 22 de março de 1933, em uma fábrica de pólvoras abandonada. Seus primeiros internos foram comunistas e social-democratas. Com o passar do tempo, especialmente a partir de 1936, os campos de concentração alemães passaram a receber cada vez mais grupos sociais considerados pelos nazistas "indesejáveis": elementos antissociais ("associais"), os "avessos ao trabalho", maçons, membros de pequenas seitas religiosas, homossexuais e, mais notoriamente, as minorias étnicas de ciganos e judeus. Um campo de concentração especial para jovens também foi aberto em Moringen, em 1940. Os campos de concentração desempenhavam um papel crucial no aumento da perseguição dos "alheios à comunidade" (*Gemeinschaftsfremde*): aqueles indivíduos vistos pelos nazistas como uma ameaça biológica, ideológica ou social. O número de internos nos campos aumentou dramaticamente: de 3.500 em 1935 para mais de 25.000 em novembro de 1938. Por essa época, apenas vinte por cento daqueles encarcerados em Buchenwald eram prisioneiros políticos, enquanto 75 por cento eram "avessos ao trabalho" ou "criminosos habituais". Depois do *pogrom* de 9 de novembro de 1938, a primeira transferência em grande escala dos "inimigos raciais" do Estado nazista para os campos de concentração começou. Sob o controle da SS, esses campos tornaram-se parte de um sistema de (in)justiça paralelo, que funcionava totalmente fora do controle da polícia e do judiciário, isto é, "fora" da lei. Um grande número de pessoas foram colocadas sob "prisão preventiva" e enviadas para Dachau, Buchenwald, Sachsenhausen, Flossenburg e Mauthausen, sem nenhum processo legal. O Terceiro Reich reprimia seus potenciais inimigos com brutalidade sistemática e abrangente. Ao mesmo tempo, o próprio procedimento legal tornou-se mais e mais viciado: entre 1933 e 1939, 12.000 alemães foram condenados por alta traição. Durante a guerra, mais 15.000 foram condenados à morte. O tratamento dado aos comunistas era particularmente brutal: de um pouco mais de 300.000 membros do KPD em janeiro de 1933, mais da metade foi encarcerada ou mandada para os campos de concentração, enquanto não menos de 30.000 foram assassinados pelos nazistas durante os doze anos seguintes.

O Terceiro Reich testemunhou o que Ian Kershaw descreveu como a "subjugação da legalidade". Houve um grande número de intervenções arbitrárias no processo legal. A união da polícia com a SS de Himmler garantiu uma erosão ainda maior do procedimento legal, ao passo que muitas ações que careciam de fundamentação legal, como a execução da liderança da SA, em 1934, foram justificadas apenas retrospectivamente. Em 1936-37, a SS começou a prender "criminosos habituais" e "associais", não porque eles tivessem infringido alguma lei, mas pelo que eram nas mentes nazistas: "enfermos", "insalubres", parte de um problema de higiene racial, assim como de criminalidade. (Muitos nazistas também tendiam a equacionar "associal" com alguma ameaça amorfa de revolução social.) Cada vez mais prisioneiros eram entregues aos campos de concentração e alguns eram executados. Em 7 de setembro de 1939, Himmler ordenou que um prisioneiro sob nova detenção preventiva fosse entregue à SS e executado. O próprio Hitler também intervinha para "corrigir" o que considerava como decisões judiciais lenientes. Até outubro de 1940, ao menos trinta alemães e muito mais poloneses haviam sido entregues à SS e executados dessa forma.

A intenção aqui não é reivindicar que a posição de Hitler no Estado nazista se baseava exclusivamente sobre terror e intimidação: como veremos mais tarde, muitos aspectos de sua política desfrutavam de verdadeiro apoio popular. Porém, qualquer tentativa de avaliar a relação entre povo e governo durante o Terceiro Reich que ignore a opressão documentada acima certamente não será satisfatória. Essa opressão foi bem-sucedida, não apenas devido à sua natureza ampla e até mesmo "antecipatória" – as pessoas podiam ser presas *antes* de terem feito alguma coisa –, mas também por estar alicerçada sobre uma vigilância onipresente e sistemática da população. Os nazistas, Hitler em particular, eram obcecados com a opinião pública, o que explica, as inúmeras atividades de coleta de informação da Polícia Secreta do Estado (*Gestapo*). Em cada bloco de apartamentos, "líderes do bloco" informavam sobre as observações dos residentes, em cada fábrica, comissários representavam um papel similar. O mais insidioso de tudo era a forma como a espionagem podia até mesmo se introduzir nas famílias, como retratado brilhantemente por uma das cenas de *Furcht und Elend des Dritten Reichs* (Terror e Miséria no Terceiro Reich), de Bertold Brecht. Crianças doutrinadas na Juventude Hitlerista ou na Liga das Moças Alemãs podiam – e o faziam – relatar as opiniões de seus pais a oficiais nazistas, que se transformaram em uma fonte de autoridade alternativa aos pais, padres ou professores escolares. De fato, algumas testemunhas têm lembranças do período

O ESTADO NAZISTA E A SOCIEDADE   61

como um tempo no qual laços de família eram rompidos e gerações colocadas contra outras gerações. Assim, aqueles que cultivavam opiniões dissidentes na Alemanha nazista viviam com medo de serem denunciados, o que era frequentemente explorado pelos vizinhos, antigos colegas de trabalho ou até mesmo crianças em idade escolar que não gostavam do seu professor de latim, para resolver antigas questões, muitas vezes, pessoais, em vez de políticas. (Na realidade, o sucesso da vigilância era totalmente dependente da disposição das pessoas em denunciar seus concidadãos, muito mais por razões pessoais do que ideológicas, pois havia relativamente poucos oficiais da *Gestapo*, conforme demonstraram Robert Gellateley e Klaus-Michael Mallmann.) Desprovidos das liberdades civis, os alemães não tinham nenhuma organização independente para representá-los; e eles viam-se ameaçados de prisão ou de serem mandados para os campos de concentração, caso a sua discordância adquirisse alguma expressão pública.

Em um Estado como o alemão, manifestamente ditatorial e no qual o *Führerprinzip* (princípio de liderança) devia estar incorporado, pode parecer lógico imaginar que o governo e a administração funcionavam facilmente: Hitler, o *Führer*, dava as ordens e estas eram então transmitidas para baixo e executadas pelas autoridades pertinentes. Não há dúvida de que quando, Hitler queria algo, ele conseguia o que desejava. Foi o que aconteceu com a Lei de Esterilização de 1933, que ele conseguiu fazer passar, enfrentando oposição dentro do Ministério, e do seu compromisso de desenvolver as *Autobahnen*, assumido em oposição aos desejos do *lobby* ferroviário. Igualmente, algumas das decisões mais importantes tomadas durante o Terceiro Reich, especialmente em questões militares e de política externa, foram tomadas por Hitler e por mais ninguém. Ele esteve por trás da decisão de reocupar o Vale do Reno, em 1936, do *Anschluss* com a Áustria, em 1938, e das invasões da Tchecoslováquia e da Polônia no ano seguinte. Contudo, há agora um conjunto de pesquisas que sugerem que o processo de tomada de decisão na Alemanha, entre 1933 e 1945, especialmente com relação à política interna, era muito mais complicado e, em alguns casos, até mesmo caótico. Em primeiro lugar, quando os nazistas chegaram ao poder, eles não fundiram as instituições do partido e a administração do Estado, em contraste com o que aconteceu largamente na Rússia, depois da Revolução Bolchevique. Dessa forma, havia, lado a lado, instituições da antiga burocracia e a do

NSDAP. No que diz respeito à política externa, por exemplo, o Ministério dos Negócios Estrangeiros (sob a direção do conservador Konstantin von Neurath até 1938) enfrentava a concorrência de Joachim von Ribbentrop, do partido, e que prestava conselhos pessoais ao *Führer*. No âmbito local, as agências da administração regional frequentemente encontravam-se em divergência com os poderosos *gauleiter* do partido, cujo acesso pessoal a Hitler, que vinha desde os primeiros dias do movimento nazista, conferia-lhes considerável autoridade. O dualismo dos aparatos do partido e do Estado não era, no entanto, a última das complexidades no governo e na administração do Terceiro Reich. Na política econômica havia competição, particularmente em relação à força de trabalho e aos recursos materiais, entre o ministro da economia, a *Wehrmacht*, os *gauleiters* e, cada vez mais, o escritório responsável pelo Plano Quadrienal, sob a direção de Göring, que construiu um enorme império organizacional, ao empregar mais de 1.000 funcionários públicos. Esse escritório, instituído por instrução de Hitler em 1936, tipificava um aspecto do estilo de governo do *Führer*, ou seja, a frequente criação de instituições independentes do NSDAP e da burocracia estatal para cumprir tarefas específicas, mas cujo poder, então, expandia-se muito. Em adição ao escritório de Göring para o Plano Quadrienal, existia a Organização Todt, posteriormente comandada por Albert Speer, para lidar com obras públicas e, mais tarde, com armamentos, a Juventude Hitlerista, sob a liderança de Baldur von Schirach, e a mais infame de todas, o poderosíssimo império da SS, que assumiu a responsabilidade de comandar os campos de concentração e a polícia, subsequentemente, sob a direção de Heinrich Himmler e Reinhard Heydrich. Iniciativas de qualquer instituição central particular também precisavam lidar com o poder dos *gauleiters*, que frequentemente as constrangiam ou as frustravam. De muitas formas, essas diversas corporações chegavam a lembrar feudos pessoais que deviam lealdade apenas ao *Führer*, seus poderes não estavam circunscritos a nenhum conjunto de regras. Durante a guerra e com a conquista do leste europeu, depois de 1939, esses feudos competiam uns com os outros pelos despojos da dominação, e os seus líderes talvez sejam mais bem descritos como "senhores da guerra" rivais.

É importante perceber que os diferentes órgãos do partido, Estado e as corporações *ad hoc* descritas acima não se colocavam em nenhuma relação hierárquica entre si: não havia nenhuma cadeia de comando burocrática racional, nem havia áreas de responsabilidade claramente definidas ou demarcadas. Todas certamente deviam lealdade a Hitler, enquanto chefe de Estado, líder do partido ou o seu patrono e criador, mas, na maior parte do tempo, seguiam suas próprias ambições e interesses. Assim, o processo de tomada de decisão no Terceiro Reich muitas vezes começava de forma não coordenada, além de não ser o simples resultado de diretrizes vindas de uma administração central, embora seja verdade que todas as organizações reivindicavam estarem trabalhando para os mesmos objetivos do *Führer* e nunca frustrassem os seus desejos. Essa estranha fragmentação de formulação e implementação de políticas também era evidente no comportamento da Chancelaria do Reich. Hitler tinha pouco interesse em encontros formais de gabinete de ministros e o número de tais reuniões diminuiu de 72, em 1933, para apenas seis, em 1937, e apenas uma, no ano seguinte. Como consequência, as políticas não podiam ser formuladas como o resultado de discussão formal ou regular entre Hitler e os seus ministros reunidos. A única personalidade que cuidava do contato dos ministros entre si e entre os diversos ministros e o *Führer* era o Chefe da Chancelaria, Hans-Heinrich Lammers. Ele recebia os projetos de lei dos ministros e apresentava-os a Hitler para autorização. O sistema – ou melhor, a ausência de algo que se parecesse a um sistema – deste modo tinha uma consequência grandemente paradoxal. De um lado, o *Führer* era todo-poderoso, a única fonte de autoridade real e o eixo do governo, mas, por outro lado, ele raramente se envolvia nas discussões do dia a dia que levavam à formulação de políticas. Como se produzia uma situação tão estranha?

Uma possível explicação que tem sido sugerida por vários historiadores possui um caráter altamente "intencionalista": Hitler planejou a competição aberta entre as várias agências do Estado e do partido a fim de fortalecer sua própria posição exclusiva, a fim de "dividir para governar". Não pode haver dúvida de que a habilidade em saber colocar burocratas estatais contra *gauleiters*, ou Göring contra Himmler, conferiu a Hitler um poder excepcional, como nós já vimos. Também teria sido estranho se uma pessoa tão astuta e oportunista quanto Hitler não tivesse percebido as vantagens advindas de tal conjunto de arranjos informais e desregulados. No entanto, explicações mais satisfatórias para a emergência de tomadas "policráticas" de decisão podem ser encontradas noutro local, a saber, na natureza da tomada de poder nazista, a estrutura do Partido Nazista e as raízes carismáticas da posição de Hitler como *Führer* dentro do NSDAP e do Reich alemão. Diferentemente dos bolcheviques na Rússia, os nazistas na Alemanha não chegaram ao poder derrubando as antigas elites em um levante revolucionário, mas sim em cumplicidade com elas. Dessa forma, Hitler teve de prosseguir cautelosamente, pelo menos nos primeiros dias do regime, em seus relacionamentos com as grandes empresas e em particular com a instituição militar. Ambos os grupos exerciam considerável influência, muito embora o período entre 1934 e 1937 tenha presenciado um aumento consistente do poder e da influência daqueles mais próximos ao *Führer* (Göring, Himmler e os *gauleiters*) dentro do partido e uma diminuição da autoridade daqueles, como os burocratas estatais, que estavam mais distantes. Em 1938, houve uma ruptura decisiva com a antiga ordem, como veremos.

Uma segunda causa da complexidade das relações de poder dentro da Alemanha depois de 1933 refere-se à natureza do próprio NSDAP. O partido fora criado com o propósito exclusivo de propaganda e para ganhar eleições. Não possuía a estrutura organizacional ou a capacidade de administrar um Estado moderno. Daí a permanência dos antigos órgãos burocráticos do Estado. Talvez até de forma mais significativa, o comprometimento total e irrestrito do NSDAP ao seu *Führer*, a única fonte de autoridade e uma autoridade baseada em seu carisma pessoal, e não em um papel hierarquicamente determinado ou funcional, impedia o desenvolvimento de qualquer definição racional-burocrática de autoridade abaixo da posição do líder. Deste modo, o Partido Nazista já possuía esse potencial de rivalidade e competição pelo apoio de Hitler, antes da tomada de poder, o que ficou ainda mais marcado durante o Terceiro Reich. A subsequente erosão de legalidade, o aparecimento dos senhores da guerra nazistas, a competição entre figuras-chave do regime foram todos consequências da posição exclusiva do próprio Hitler, o *Führer*, livre de qualquer sutileza constitucional ou regra burocrática. O comportamento e a personalidade de Hitler tornaram-se, portanto, um grande determinante do estilo e, de fato, do conteúdo do governo, depois de 1933. Inicialmente, Hitler atuou como chanceler da forma que o idoso e meticuloso Hindenburg esperava dele: ele aparecia no horário de trabalho para cumprir suas obrigações. Depois da morte do general em agosto de 1934, no entanto, as coisas mudaram drasticamente. Hitler ficaria na cama até bem tarde, leria os jornais descansadamente, poderia esbarrar com Lammers e algum membro graduado do Partido Nazista e, então, iria sozinho em um passeio em sua limusine. Na realidade, ele gastava um bom tempo em seu retiro, em Berchtesgarten, na Baviera, longe da Berlim que ele detestava. Uma consequência disso já foi descrita: a formulação fragmentada de políticas desde "baixo", por várias agências que coexistiam e competiam no Terceiro Reich. Outra era que, algumas vezes, era extremamente difícil fazer com que Hitler tomasse uma decisão: assuntos eram frequentemente engavetados por um período considerável, como ocorreu durante a crise econômica de 1935-36, quando uma séria carência de matérias-primas e gêneros alimentícios aconteceu. Hitler era particularmente avesso a intervir quando decisões podiam torná--lo impopular com o público geral; a manutenção de uma popularidade maciça no decorrer da maior parte de seu regime reflete isso.

A ausência de uma clara cadeia de comando e também o comportamento do próprio Hitler, portanto, abriam um espaço onde conflitos pessoais e rivalidades institucionais floresciam. À medida que cada organização procurava exceder a outra em seu comprometimento com o *Führer* e os objetivos dele (mesmo não tendo recebido, de cima, nenhuma instrução específica a respeito), então ocorria um processo que Hans Mommsen descreveu como "radicalização cumulativa". Relações de poder dentro do Terceiro Reich não eram nunca estáticas e os nazistas não estavam nunca totalmente satisfeitos por apenas reprimir a oposição. O regime possuía um dinamismo interno que levava a um significante realinhamento de forças em detrimento das antigas elites, mas em benefício de Hitler e das várias corporações que ele criara. No final de 1937, o Ministério dos Negócios Estrangeiros, encabeçado por Neurath, e seções do exército, incluindo Werner Fritsch, seu líder, e o ministro da Guerra, Blomberg, mostraram preocupação a respeito dos objetivos de política externa de Hitler, temendo que pudessem precipitar uma guerra. Pouco tempo depois, em janeiro/fevereiro de 1938, veio a público a notícia de que Blomberg casara-se com uma prostituta e um antigo rumor concernente ao passado homossexual de Fritsch começou a circular novamente, e Hitler aproveitou a ocasião para agir. A crise subsequente não havia sido planejada por Hitler, como deixou claro o seu choque inicial. Entretanto, ele explorou o assunto com o intuito de ocasionar uma mudança significativa das forças no interior do aparato governamental. Um grande número de generais foi destituído ou aposentado; o novo líder do exército, Brauchtisch, prometeu maior cooperação com os nazistas; um novo chefe das forças armadas, Keitel, foi indicado; a posição de ministro da Guerra foi extinta; e Hitler pessoalmente tornou-se o comandante-em-chefe das forças armadas. Mudanças similares aconteceram em outros lugares: no Ministério dos Negócios Estrangeiros, Ribbentrop assumiu o cargo de Neurath e novos embaixadores foram designados, enquanto o Ministério da Economia também foi tornado mais maleável. Esses vários desdobramentos deram ensejo a um aumento no poder daqueles próximos a Hitler e representaram um verdadeiro golpe para as forças conservadoras tradicionais. Também causaram uma radicalização da política externa nazista (as crises austríaca e dos sudetos), preparativos econômicos para a guerra, que já estavam levando a sérias dificuldades no que dizia respeito à mão de obra, matérias-primas e capital e uma escalada da violência contra os judeus e suas propriedades, que culminaram na *Reichskristallnacht*, durante a noite de 9 a 10 de novembro de 1938, quando sinagogas foram incendiadas, estabelecimentos judaicos saqueados e aproximadamente 30.000 homens judeus arrastados para campos de concentração. A evolução da política antissemita e suas consequências terríveis são discutidas com mais detalhes no próximo capítulo; basta dizer aqui que os excessos de 9–10 de novembro de 1938 foram acompanhados pela centralização da política em relação aos judeus nas mãos da SS.

★ ★ ★

De toda forma, não pode haver dúvida de que os nazistas provocaram uma revolução na natureza do Estado e da política alemães entre 1933 e 1945. Uma questão bem mais problemática é se também transformaram ou não a natureza da *sociedade* alemã no mesmo período, se Hitler projetou ou não uma "revolução social", para usar a expressão cunhada por David Schoenbaum. O NSDAP certamente reivindicava estar criando um novo tipo de sociedade, uma *Volksgemeinschaft* (uma comunidade do "povo"), na qual as divisões que anteriormente haviam fragmentado a nação alemã – divisões, por exemplo, de classe e confissão religiosa – seriam superadas e os alemães unir-se-iam, com um propósito comum, atrás do seu líder. Esta seria uma comunidade racial, porém sem classes. É difícil responder se os nazistas chegaram a atingir esse objetivo em algum momento e se foram bem-sucedidos em erradicar a classe e outras formas de identidade social; isso depende, em parte, do que se entende pelos termos "sociedade sem classes" ou "revolução social". O restante deste capítulo explora a questão acerca da mudança social e da revolução no Terceiro Reich. Pergunta-se se houve uma revolução na posse da propriedade ou na distribuição da riqueza, isto é, algo semelhante ao que os marxistas reconhecem como uma revolução que de fato ocorreu entre 1933 e 1945, concluindo-se com um retumbante "não". Contudo, esse não é o fim da questão. Houve outras maneiras pelas quais a sociedade foi profundamente alterada, em termos de mobilidade social, (possivelmente) gênero e (alegadamente) modernidade. Acima de tudo, ela foi transformada por uma política de *raça*. Também se investiga, a seguir, até que ponto as mentalidades foram transformadas e as identidades, destruídas. Colocado de outra forma, os alemães realmente acolheram em suas mentes e corações a ideia da *Volksgemeinschaft*, abandonando suas lealdades tradicionais?

Se olharmos a posse da propriedade no Terceiro Reich, não houve nenhuma redistribuição fundamental, a despeito dos aspectos radicais do programa inicial do Partido Nazista e das promessas aos pequenos homens de negócios e lojistas. Na realidade, Hitler, que nunca fora muito apaixonado pelas demandas sociais mais radicais da esquerda nazista (na SA e ao redor de Gregor Strasser), já estava acalmando os medos da classe média em 1928, deixando claro que só as propriedades *judaicas* seriam expropriadas. Até 1933, a maioria dos nazistas radicais já deixara o partido, enquanto a "Noite dos Longos Punhais" havia destruído a liderança da SA em 1934. Projetos ambiciosos da parte de Robert Ley, líder da DAF, de expandir o seu papel e o da classe operária, foram rapidamente esmagados nos primeiros dias do regime. Em maio de 1933, as pessoas indicadas a "Fiduciários da Classe Operária" foram recrutadas principalmente das fileiras do mundo dos negócios. Em novembro do mesmo ano, o papel da Frente Trabalhista foi ainda mais restringido e a sua liderança, expurgada; no mês de janeiro subsequente, a Lei de Regulamentação do Trabalho Nacional substituiu os membros eleitos dos "conselhos de fábricas" (*Betriebsrat*) por novos representantes (*Vertrauensrat*), com um papel reduzido. O resultado das eleições para esse novo posto foi tão desastroso para os candidatos nazistas que as eleições nunca mais foram repetidas. No Terceiro Reich, trabalhadores permaneceram trabalhadores (pelo menos antes da importação maciça de trabalho escravo estrangeiro durante a guerra). Grandes proprietários permaneceram grandes proprietários e os gigantescos trustes industriais desfrutaram de lucros imensos, como os maiores beneficiários do crescimento econômico do *boom* de armamentos de 1936-38. As propriedades confiscadas eram de judeus (ou, depois de 1939, de pessoas de nacionalidade estrangeira); e foram parar não nas mãos de pequenos homens de negócios, lojistas ou camponeses, mas nos impérios pessoais de Himmler, Göring e seus assemelhados. Na verdade, o capital se tornou mais, e não menos, concentrado no Terceiro Reich. Isso não significava, certamente, que a relação entre as grandes empresas e o Estado fosse sempre fácil. Em troca da destruição dos sindicatos e dos benefícios que se seguiram aos lucrativos contratos de armamentos, as grandes empresas não ousavam correr o risco de desobediência, pois o Estado controlava as importações, a distribuição das matérias-primas e os níveis de salário e preço. Também se viu em competição com o enorme império industrial que Göring construíra por meio da agência responsável pelo Plano Quadrienal e que recebia tratamento prioritário na alocação de matérias-primas. Apesar disso, os industriais não foram expropriados, suas propriedades permaneciam em mãos privadas e alguns, especialmente aqueles associados à gigantesca empresa do setor químico, IG Farben, beneficiaram-se enormemente do governo nazista. Os lucros aumentaram mais rápido do que os salários, crescendo acima de 36 por cento, entre 1933 e 1939, enquanto a parcela dos salários no produto nacional bruto caiu de 57 por cento, em 1932, para um pouco mais de 52 por cento, em 1939, indicando uma redistribuição de riqueza para *longe* da classe trabalhadora.

Certamente, isso não significa que as estruturas internas de classe permaneceram estáticas; houve toda uma série de desdobramentos, na Alemanha, entre 1933 1945, que, pode-se alegar, enfraqueceram a solidariedade de classe da parte dos trabalhadores alemães. O terror, a repressão contra o SPD, o KPD e os sindicatos, junto com a prisão de grande quantidade de ativistas da classe trabalhadora, tornaram difícil de sustentar a solidariedade entre comunidades e entre fábricas. A racionalização da produção em algumas unidades industriais também tem sido vista como causa do enfraquecimento do papel da mão de obra qualificada, tradicionalmente a espinha dorsal dos protestos (embora seja fácil exagerar a extensão de tal racionalização). O provimento de bem-estar e assis-

O ESTADO NAZISTA E A SOCIEDADE 69

tência médica no âmbito de cada fábrica individualmente cada vez mais prendia o trabalhador ao seu local de trabalho, combinado à legislação nazista. O abandono dos acordos salariais coletivos em favor da recompensa individual pelo desempenho removeu mais um dos sustentáculos da ação coletiva, ao passo que o remanejamento de mais de sete milhões de trabalhadores estrangeiros durante a guerra colocou muitos trabalhadores alemães no topo da hierarquia racial da classe operária, em postos de chefia. Se isso, no que diz respeito à consciência subjetiva dos trabalhadores alemães, levou à destruição da identidade de classe, no entanto, ainda não está claro. Essa questão será discutida mais amiúde numa seção posterior a este capítulo.

Apesar das promessas nazistas à *Mittelstand* alemã antes de 1933, o capital continuou a se tornar mais e mais concentrado depois da tomada de poder pelo Partido Nazista. Em geral, as empresas maiores eram mais bem-sucedidas do que as menores na competição por trabalho e matéria-prima; de fato o número de artesãos independentes caiu de 1,65 milhões em 1936 para apenas 1,5 milhões três anos mais tarde. Da mesma maneira, o regime evitou as tentativas radicais de destruição das lojas de departamento existentes, a ruína competitiva dos pequenos lojistas. Isso não significa, contudo, que nada tenha sido feito para os artesãos e lojistas de maneira geral. Impostos especiais passaram a incidir sobre as grandes lojas e tornou-se ilegal erigir novos estabelecimentos comerciais de grande porte, ao mesmo tempo em que diversas cooperativas de consumo eram fechadas e eram levantadas restrições à venda de porta em porta. Os artesãos autônomos agora precisavam ser membros das guildas redivivas e possuírem certificados de qualificação. Eles também se beneficiaram do maior número de encomendas associado à recuperação econômica de 1936-38. O fato de que mais não tenha sido feito para as grandes empresas, no entanto, e que o seu declínio econômico tenha sido relativamente severo, era menos uma consequência de políticas nazistas deliberadas do que da lógica da produção industrial. O grande poderio militar que Hitler desejava criar não podia ser construído tendo por base produtores de pequena escala relativamente ineficientes, especialmente nos locais onde matérias-primas e força de trabalho fossem escassas. Também tem sido argumentado que a modernização industrial e tecnológica não era simplesmente uma necessidade instrumental para a vitória militar, mas que tal modernização era na verdade um dos objetivos de Hitler desde o início. Abaixo essa questão será discutida de modo mais aprofundado.

O destino da agricultura sob o domínio nazista não foi diferente. Na ideologia nazista, os camponeses eram retratados como a espinha dorsal de uma sociedade alemã saudável, uma sociedade ainda não corrompida pelos males da vida urbana. O regime aliviou alguns dos problemas dos fazendeiros (embora até 1935 fosse mais provável que o auxílio fosse direcionado às médias ou grandes propriedades, em vez das pequenas), enquanto o controle das importações e o tabelamento inicial dos preços agrícolas em um nível mais elevado que durante a depressão ofereceram alívio adicional. Entretanto, o controle governamental dos preços revelou-se uma faca de dois gumes, vindo a enfrentar o ressentimento dos camponeses. Além disso, os fazendeiros não podiam competir com as indústrias pela mão de obra, à medida que se ampliava a diferença entre os rendimentos agrícolas e urbanos, particularmente durante o *boom* armamentista de 1936-38. Uma consequência adicional foi que a Alemanha ficou mais e não menos urbana entre 1933 e 1945, à medida que as pessoas abandonavam o campo para ganhar salários mais altos nas cidades. A explicação pode, uma vez mais, ser encontrada não na ideologia, mas na realidade econômica: a escassez de força de trabalho nos anos do *boom* de 1936-38 e, mais ainda, durante a guerra, empurrou para cima os níveis salariais, mesmo sob os controles nazistas. Até 1939, o salário-hora real havia aumentado em torno de sete por cento em relação ao nível de 1932 e o salário semanal real em torno de 23 por cento (uma consequência, sobretudo, do aumento da jornada de trabalho). Não é surpreendente, portanto, que entre 1933 e 1938 o número de trabalhadores agrícolas alemães tenha declinado em torno de 16 por cento (aproximadamente 500 mil pessoas). Contemporâneos falam de uma "fuga do campo". Enquanto a autossuficiência agrícola do Reich cresceu apenas modestamente (de 80 para 83 por cento) entre 1936 e 1939, as importações agrícolas aumentaram em torno de 50 por cento durante o mesmo período. Os processos de longo prazo de urbanização e modernização não foram freados pelos nazistas, embora se possa notar que esses desdobramentos não foram mais dramáticos do que em muitas outras sociedades europeias.

A experiência econômica do trabalho no Terceiro Reich não era de maior igualdade. Já vimos que a parcela dos salários em relação ao total da renda nacional caiu durante o Terceiro Reich. Sem os sindicatos e com as greves sendo declaradas ilegais, a posição das classes pouco podia mudar, pois à DAF não era permitido nenhum poder na determinação dos níveis salariais. Dentro da classe trabalhadora, cresceram as diferenças de rendimentos, à medida que as categorias salariais nacionais e regionais eram abolidas e o pagamento era feito unicamente de acordo com o "princípio do desempenho" (*Leistungsprinzip*) individual. Isso não significa, porém, que os trabalhadores simplesmente sofressem sob o nazismo. A remuneração por resultados beneficiava os trabalhadores jovens e saudáveis, especialmente aqueles com alguma qualificação, à custa dos mais velhos e menos produtivos. Há um consenso geral de que, entre 1936 e 1938, o valor real do salário líquido aumentou, embora a maior parte deste ganho possa ser atribuído ao fato de a duração do dia de trabalho ter aumentado e não a um aumento real dos salários-horas. A organização "Força pela Alegria" também propiciou a alguns grupos de trabalhadores instalações de lazer e de férias pela primeira vez. O número das pessoas que usufruíam das férias da KdF aumentou de 2,3 milhões, em 1934, para mais de 10 milhões apenas quatro anos mais tarde. No entanto, foram principalmente os trabalhadores de colarinho branco e os trabalhadores manuais mais bem colocados os maiores beneficiados. Somente 15 por cento dos beneficiários das férias da KdF eram na realidade trabalhadores manuais (isto é, aproximadamente um por cento da classe operária alemã como um todo). Ademais, enquanto a organização "Força pela Alegria" se responsabilizava pelo novo turismo de massa, os turistas de classe alta continuavam a ter suas necessidades de lazer satisfeitas por meio das agências de viagens particulares. A ideia de classe, portanto, não foi expulsa do cenário das férias. Muitos trabalhadores também reclamavam que a KdF dava um tratamento especial ao pessoal da SA e da SS. Em geral, a relação entre o capital e o trabalho permaneceu fundamentalmente inalterada entre 1933 e 1945: as empresas permaneciam nas mãos privadas, os chefes continuavam chefes e os trabalhadores, trabalhadores. Havia formas por meio das quais a classe trabalhadora era reestruturada, especialmente durante a guerra, como já mencionado, e voltaremos a elas na nossa posterior discussão sobre a modernização no Terceiro Reich.

O fato de que os marxistas não reconhecessem nenhuma "revolução social" no Terceiro Reich, dadas as manifestas e crescentes desigualdades de rendimento e de propriedade, não é, portanto, surpreendente; mas deveria ser lembrado que o Terceiro Reich existiu por apenas seis anos em tempos de paz e por apenas 12 anos no total. Além disto, se nós nos deslocarmos para outras dimensões da estrutura social que não a de classe, o Terceiro Reich pode parecer bem menos imutável. Incursões profundas foram feitas, por exemplo, a padrões tradicionais da mobilidade social na sociedade alemã. Embora seja verdade que a maioria dos homens de negócios, diplomatas, altos funcionários públicos, acadêmicos e estudantes universitários continuavam a ser recrutados de uma elite social muito restrita, novos caminhos para o avanço social, para a maior mobilidade social, tornaram-se evidentes, especialmente como resultado da associação ao próprio NSDAP. A proliferação de agências do governo e do partido conferiu alguma forma de *status* e influência aos nazistas de procedência relativamente humilde, mesmo no centro do poder decisório. Ser um nazista, não um aristocrata ou um membro da classe média instruída, era o que assegurava o avanço. Em 1935, mais ou menos 25 mil alemães eram remunerados pelo partido. Daí em diante a expansão da Frente Trabalhista Alemã, a organização social nazista (NSV) e outras agências transformaram-se num meio de ascensão social para centenas de milhares de alemães. Na realidade, muito mais do que durante a Revolução de 1918, as antigas elites viram o seu poder e influência dramaticamente reduzidos no Terceiro Reich. Enquanto 61 por cento dos generais do exército vieram de famílias aristocráticas em 1921, a cifra havia caído para 25 por cento em 1936, embora esse processo tenha começado antes de 1933. Durante a Segunda Guerra Mundial, de 166 generais de infantaria alemães, nada menos que 140 eram de origem de classe média. O resultado do plano de atentado de julho de 1944 foi a execução de cinco mil "conspiradores", muitos deles de importantes famílias de militares *Junker* (Stauffenberg, Moltke). A mobilidade – tanto social como geográfica – foi posteriormente ampliada com as evacuações e os bombardeios do período da guerra, que colocavam juntas pessoas de diferentes origens e regiões, e pelo reordenamento racial da sociedade, sobre o qual muito mais será dito mais à frente. O emprego de mais de sete milhões de trabalhadores estrangeiros na Alemanha, em 1944, também alterou a sorte dos "racialmente superiores" trabalhadores alemães, que, agora, se encontravam em posições de chefia sobre os estrangeiros.

Este aumento das oportunidades de mobilidade não era universal nem funcional, visto que as oportunidades de vida eram forjadas em meio à crescente desigualdade econômica, à discriminação racial, à qual voltaremos, e à correção política. Os nazistas obtiveram sucesso, mas os comunistas e os social-democratas sofreram. Judeus, ciganos, "associais", os doentes hereditários, alcoólatras, pacientes mentais e homossexuais não usufruíram dos benefícios do "Reich de Mil Anos". Para eles, o regime nazista significava a barbárie dos campos de concentração e de extermínio. O paraíso nazista, mesmo em sua forma visionária, era um paraíso para alguns, mas não para outros. Não está claro o que ele significava para as mulheres. O papel feminino na sociedade nazista ilumina de forma interessante a relação entre ideologia e realidade econômica na Alemanha nazista. É notório que a teoria nacional socialista proclamava que o papel da mulher estava no lar: reproduzir para a pátria e cuidar do marido/soldado. Dessa forma, o regime deu início a uma série de medidas planejadas para encorajar as mulheres a deixarem as fábricas, casarem e terem filhos. O aborto foi proibido; as clínicas de controle de natalidade foram fechadas; o acesso a contraceptivos foi restringido; e foram dados incentivos para encorajar os alemães a casarem e terem filhos, enquanto maiores auxílios também foram oferecidos às mães. Contudo, esta política pró-natalidade não se aplicava aos judeus, nem àqueles considerados "associais", doentes hereditários ou alcoólatras crônicos. As mulheres nessas categorias estavam sujeitas a programas de esterilização compulsória, e mais de 400.000 alemães (tanto homens quanto mulheres) sofreram as consequências. Como resultado, Gisela Bock vê as mulheres como as principais "vítimas" da era nazista. Se fossem saudáveis e arianas, o regime nazista destituía-as do controle sobre os seus próprios corpos, ao proibir a contracepção e o aborto. Se fossem "doentias" ou "não arianas", eram obrigatoriamente esterilizadas. Ademais, a ideia de que as mulheres pertenciam, antes de tudo, ao lar, gerava discriminação contra elas no mercado de trabalho e explica por que a mobilização industrial da força de trabalho feminina na Alemanha ficou para trás em relação a alguns outros países, mesmo durante a séria carência de trabalhadores nos anos de guerra. Apesar disso, a pureza ideológica precisou ceder algum espaço à necessidade econômica: em 1933, quase cinco milhões de mulheres exerciam atividade remunerada fora de casa, ao passo que a cifra havia aumentado para 7,14 milhões em 1939. O déficit de mão de obra e a elevação dos salários, portanto, levaram muitas mulheres ao emprego industrial, não obstante os objetivos ideológicos do regime. No entanto, o aumento do número de mulheres trabalhando fora de casa dificilmente excedia o crescimento total da economia de guerra; o emprego industrial elevado desse período era compensado por um aumento do número de mulheres na mais tradicional das ocupações: o trabalho doméstico. Foi apenas a partir de 1942 que a completa mobilização do potencial feminino para o esforço de guerra foi finalmente tolerada pelo regime nazista.

A visão de Bock de que as mulheres foram vítimas do Terceiro Reich não é compartilhada por todos os historiadores. Claudia Koonz, por exemplo, vê as mulheres como cúmplices dos programas de reprodução para a pátria e de criação dos soldados alemães. Muitas jovens alemãs até viam a Liga das Moças Alemãs como uma experiência libertadora, na medida em que as tiravam do controle dos pais, como Dagmar Reese tem demonstrado. As mulheres podem ter sido excluídas dos centros de poder no Terceiro Reich, mas centenas de milhares delas se inscreveram e representaram papéis importantes nas organizações femininas e de bem-estar social nazistas. Algumas se envolveram com as profissões de médica, de assistente social e de enfermeira, que cuidavam e frequentemente levavam adiante as campanhas de esterilização, eutanásia e extermínio. Muitas eram algozes, da mesma forma que muitas eram vítimas; e muitas acolheram a volta dos "tradicionais valores familiares". Precisamos nos livrar da ideia de um destino único para as mulheres sob o nazismo e substituir por uma que leve em conta questões de classe, profissão, região, crença religiosa, saúde e etnia.

Uma discussão sobre a mobilidade social e sobre o papel das mulheres conduz a outro conjunto de questões acerca da mudança social no Terceiro Reich, ou seja, aquelas oriundas de uma discussão a respeito da "modernização". Apesar da retórica agrária e antiurbana, os nazistas dirigiram um regime que assistiu a níveis elevados de crescimento industrial, urbanização e trabalho feminino fora de casa. O percentual de estudantes universitários do sexo feminino aumentou (de 17 por cento em 1933 para 40 por cento em 1940). O percentual de médicas também aumentou (de seis por cento em 1930 para oito por cento em 1939). Esses desdobramentos, junto com a crescente mobilidade social e a destruição do poder das elites tradicionais, são considerados, por alguns, como uma "modernização" da sociedade alemã. Ralf Dahrendorf e David Schönbaum foram fortes defensores dessa posição nos anos 1960, embora o primeiro pensasse que muitos desses processos não haviam sido planejados pelos nazistas, tendo sido ou um resultado de tendências históricas de longo prazo, ou uma função das mudanças exigidas pelo rearmamento e pela economia de guerra. Recentemente, alguns historiadores alemães têm ido bem mais além e retratado Hitler como um modernizador consciente do seu papel. Rainer Zitelmann vê Hitler como um amante de aviões e automóveis, como construtor de *Autobahns*, e um defensor do consumo de massa (o "rádio do povo" e o "carro do povo" – o *Volkswagen*), prototípico "engenheiro social" e um defensor de uma sociedade sem classes, que recompensava o esforço individual, em vez do *status* e do contexto social.

Para Zitelmann, até mesmo a conquista do *Lebensraum*, no leste, é explicada em termos da necessidade de fontes de matérias-primas e alimentos, justamente porque a própria Alemanha seria, na visão de Hitler, um Estado industrial moderno e uma sociedade de consumo. Michael Prinz enfatiza o programa de modernização da Frente Trabalhista, que incorporava a introdução de tecnologia moderna, o crescimento de elites funcionais, em vez de elites por *status*, uma racionalização dos processos de trabalho, remuneração por desempenho individual e um programa de bem-estar semelhante às propostas de Beveridge, no Reino Unido! O turismo de massa da organização "Força pela Alegria" e a produção de bens de consumo de massa são vistas, por Prinz, como decididamente modernos. Da mesma forma é vista uma estratégia econômica supostamente "keynesiana", que acabou com o desemprego, e as tentativas de engenharia social biológica – afinal de contas, a eugenia é uma ciência moderna. No trabalho de Götz Aly, Susanne Heim e Karl-Heinz Roth, mesmo a "Solução Final" da questão judaica, envolvendo análise de custo-benefício, distanciamento burocrático, a eliminação de aspectos morais do cálculo e a mecanização dos assassinatos, torna-se uma função do planejamento econômico. O fato de que a modernidade tenha facilitado, mas não causado o Holocausto é, também, a afirmação mais modesta de Zygmut Bauer. É certamente verdade que cientistas e acadêmicos de muitas disciplinas participaram ou usufruíram da expansão territorial nazista para o leste e de suas consequências assassinas. A política racial e os programas de realocação de pessoas contavam com a cumplicidade e o apoio de economistas, estatísticos, geógrafos, biólogos, químicos, agrônomos, cientistas sociais e médicos. Alguns participavam porque não conseguiam ver nada mais além de seus experimentos e laboratórios. Viam a si próprios como "apolíticos". Outros tinham a intenção de avançar em suas carreiras, motivados pelo oportunismo e pelo ganho pessoal, enquanto outros, ainda, concordavam com as premissas ideológicas e as políticas do nazismo.

A pesquisa científica não morreu na Alemanha como resultado do domínio nazista; em algumas áreas, adquiriu contornos espantosamente originais, como na luta contra o fumo de cigarros (até que as consequências financeiras da perda de arrecadação tornaram-se mais importantes) e o câncer. O regime ensinou as mulheres a examinarem os seus próprios seios. Incentivou os alemães a comerem de forma saudável; nas áreas dos cuidados pré e pós-natais, grandes avanços foram dados.

Todavia, a motivação para a pró-natalidade tinha tanto a ver com considerações políticas/militares quanto com preocupações com o bem-estar. Além disso, era impregnada por imperativos raciais. "População excedente", "comedores inúteis", isto é, associais, criminosos habituais, pessoas com doenças hereditárias, eslavos, ciganos e judeus estavam excluídos das provisões de bem-estar e de assistência à saúde e sujeitos à "ciência assassina" da perseguição, da esterilização e do extermínio.

As lacunas neste projeto de suposta modernidade são por demais evidentes. Aumentos no emprego feminino frequentemente aconteciam *apesar*, ao invés de *por causa*, das intenções nazistas e podem ser em grande parte explicados pelo estado do mercado de trabalho, particularmente durante a guerra. Os planos da Frente Trabalhista nunca foram completados; e, na realidade, Hitler frequentemente ajudava a frustrá-los, como fica claro na biografia de Ley escrita por Robert Smelser. Se examinarmos a natureza da economia nazista e o seu desempenho, as coisas são menos nítidas do que defendem os teóricos da modernização. Existe uma imagem popular de que o governo de Hitler resolveu as dificuldades econômicas mais urgentes da Alemanha – desempregos em massa e de longo prazo – e iniciou um período de crescimento e prosperidade. Embora seja verdade que o desemprego tenha desaparecido (se bem que apenas a partir do *boom* armamentista de 1936-38), que os salários reais tenham aumentado no mesmo período (sobretudo devido ao fato de as pessoas trabalharem mais horas) e que tenha acontecido uma clara retomada da produção industrial, essa não é toda a história. Primeiro, a eco-

O ESTADO NAZISTA E A SOCIEDADE 77

nomia alemã estava começando a dar sinais de recuperação a partir da segunda metade de 1932 e muito da recuperação em 1933 pode ser creditada a programas iniciados por chanceleres anteriores. Segundo, os fundamentos da política econômica nazista não eram espantosamente originais. Os orçamentos não eram muito desequilibrados, altos níveis de tributação foram mantidos, a poupança, estimulada, e não se permitiu que o objetivo básico de redução do desemprego engendrasse um processo inflacionário, o que Hitler temia (não havia nenhum Keynes aqui!). Terceiro, a maior parte das políticas econômicas do *Führer* não faziam parte de um plano coerente de longo prazo. Pelo contrário, como escreveu Harold James, elas eram "medidas provisórias *ad hoc*", até a guerra levar à conquista de novos territórios. Quarto, a solução aparentemente rápida do problema do desemprego estava baseada menos na criação real de novos empregos do que em várias medidas que tiraram pessoas do mercado de trabalho, sem as colocar nos registros de desemprego. As mulheres casadas eram fortemente desencorajadas a procurar emprego e muitas das empregadas eram dispensadas (quase nada moderno!). Empréstimos estatais para casamento estimulavam as solteiras a abandonarem os seus empregos; do mesmo modo, não se permitia àqueles que haviam sido afastados do serviço público em 1933 – homens e mulheres – que se registrassem como desempregados. Muitos dos jovens do sexo masculino desempregados (por volta de 240.000 em 1934) foram alistados no Serviço de Trabalho, ao passo que a reintrodução do alistamento militar, em 1935, retirou ainda mais jovens do mercado de trabalho. Em nada disso há qualquer indício de alguma estratégia de modernização.

Também é verdade, como a propaganda nazista nunca deixou de enfatizar, que o regime iniciou uma série de medidas de criação de empregos, mais notoriamente na construção civil e de estradas (a criação das *Autobahnen*). O montante de 5,26 bilhões de marcos alemães foi investido nessas atividades entre 1933 e 1935. Todavia, mesmo aqui se deve tomar cuidado: um valor menor foi investido na construção de estradas em 1934 do que em 1927; e até 1935 o mesmo pode ser dito dos níveis de investimentos em habitação e transporte. (A explicação é que as autoridades locais, em vez da administração central do Estado, foram responsáveis por grande parte dessas atividades durante os anos da República de Weimar, um fato que tem sido frequentemente negligenciado por muitas das pessoas impressionadas com o desempenho econômico nazista.) A recuperação não foi igualmente rápida em todos os setores: apenas em 1935 os níveis de emprego na indústria de construção alcançaram os de 1928. Igualmente, a produção de máquinas-ferramentas alcançou a de 1928 apenas em 1935.

Empregos foram criados, primeiro, por meio do crescimento do número de funcionários responsáveis pelo serviço público e pelas várias agências do partido nazista e, segundo, pelas altas despesas com armamentos, embora muito disso estivesse disfarçado sob a forma de planos de criação de empregos nos primeiros anos do Terceiro Reich. Entre 1933 e 1935, 5,2 por cento do PNB alemão estava voltado para o rearmamento – duas vezes o montante gasto com os planos de criação de empregos. O *boom* de 1936-1938 era, em todos os sentidos do termo, um "*boom* armamentista", que fez muito para afastar o problema do desemprego, mas nada para modernizar a economia alemã ou curar suas falhas estruturais. Em 1939, a economia estava sofrendo de falta de mão de obra especializada, materiais e capital. Houve uma retomada na produção de bens de consumo e os fabricantes aumentaram a sua produção diminuindo a qualidade de seus produtos, e não pela inovação tecnológica. Grande parte da poupança para investimentos foi criada por taxas de câmbio artificiais, controles de preços e restringindo a parcela dos salários na renda nacional. A economia alemã só se tornou uma economia verdadeiramente moderna e tecnologicamente intensiva depois de 1945. Isto também invalida o argumento de que a produção industrial fosse tão racionalizada no Terceiro Reich, de tal modo que tivesse levado a uma total reestruturação da força de trabalho. De qualquer forma, o trabalho escravo estava longe de ser racional em muitas de suas dimensões e dificilmente era "moderno". Pois, como Harold James e Richard Overy apontam, a produtividade *per capita* aumentou relativamente pouco em toda a economia alemã nesses anos, especialmente em comparação com outras economias industrializadas. O consumo de massas, uma nova forma de consumo, também permaneceu um sonho não realizado. Nenhum trabalhador jamais teve um Volkswagen, muito embora alguns tivessem aparelhos de rádio. Os trabalhadores não eram os principais beneficiários dos programas da KdF, como já vimos; e aqueles que não se encaixavam no perfil de "ariano saudável" eram excluídos de qualquer bem econômico disponível. Esta não era uma sociedade de consumo aberta.

As desigualdades de riqueza, propriedade e oportunidades de vida que continuavam a existir na Alemanha nazista fazem com que seja difícil mencionar qualquer mudança fundamental na estrutura social; e a maior mobilidade social estava aberta apenas àqueles que cumprissem certos critérios políticos e raciais. Mas este não é o fim da história. A guerra produziu profundas mudanças sociais. Como já observado, o grande incremento da mobilidade geográfica como resultado das evacuações e dos bombardeios, junto com uma enorme carência de mão de obra, afrouxou antigas solidariedades, além de criar novas – embora nem sempre bem-vindas – oportunidades de trabalho. Esta era uma forma de modernidade dificilmente desejada – a modernidade da destruição em massa. O emprego de milhões de trabalhadores estrangeiros colocou os trabalhadores alemães em funções de chefia e estruturou a classe trabalhadora de acordo com linhas raciais, de certa forma dissolvendo antigas solidariedades. Mesmo aqui, no entanto, houve contradições. O brilhante estudo de Ulrich Herbert acerca do trabalho estrangeiro no Terceiro Reich relata como havia uma constante tensão entre a ideologia racial do regime e a percepção de que os trabalhadores estrangeiros atuavam melhor quando podiam receber certas recompensas e se integrar à força de trabalho. A última percepção foi reforçada pela guerra e não era consequência de nenhuma ideologia modernizante. Pelo contrário, era frequentemente subvertida por imperativos raciais economicamente disfuncionais ou entrava em conflito com eles. Um argumento similar pode ser feito a respeito dos campos de concentração e a sua crescente contribuição para economia alemã a partir de 1942, quando foram incorporados à produção de armamentos. Enquanto anteriormente o trabalho nos campos constituíra-se em uma forma de punição e tortura, o trabalho dos internos foi progressivamente sendo arrendado por empresas particulares; nos campos em solo alemão, tornou-se menos provável que os internos com alguma qualificação trabalhassem até morrer, se comparados àqueles que trabalhavam com construção. No leste, todavia, todas as categorias de internos eram postos a trabalhar até a morte e as considerações econômicas ficavam em segundo plano, em relação aos imperativos raciais da ideologia nazista. Os objetivos ideológicos do nazismo ocasionavam violência e crueldade para os dissidentes, os "doentios" e os "não arianos". Não há sentido em se querer decidir se tais objetivos são "modernos" ou não. O que foi importante acerca de Auschwitz não

80 HITLER E O NAZISMO

foram as cercas eletrificadas nem a moderna tecnologia de massacre, mas o massacre em si.

Os nazistas não removeram as desigualdades subjacentes à divisão de classes, mas em um aspecto transformaram fundamentalmente a sociedade alemã. Aquela sociedade foi reestruturada de acordo com o critério de *raça*. Até recentemente, as discussões sobre a política racial nazista concentravam-se no extermínio dos judeus e – em menor escala – dos ciganos. Tem se tornado cada vez mais claro, no entanto, que o projeto de "higiene racial" resultou muito mais do que isso. Todos aqueles que os nazistas consideravam "doentios" deveriam ser removidos da Comunidade Ariana "racialmente pura". Assim, não foram apenas os judeus e os ciganos que se viram excluídos das maternidades e dos auxílios à infância, dos cuidados pós-natais, dos benefícios de bem-estar e dos "benefícios de inverno", mas também todos os alemães que os nazistas consideravam oponentes políticos, os "doentes hereditários", os "associais" e os "criminosos habituais". Em 1936-37, grandes quantidades de vagabundos, desabrigados, prostitutas, trabalhadores temporários, "associais", "criminosos habituais" e homossexuais foram reunidos e mandados para os campos de concentração, não por causa do que tivessem feito, mas devido ao que eram – por serem considerados pelo regime de nenhum "valor biológico". As ideias de higiene racial e social mesclavam-se nas mentes não apenas dos nazistas, mas de muitos profissionais nos campos da assistência social e da medicina, e manifestavam-se em uma variedade de maneiras obscenamente desagradáveis. Em junho de 1933, empréstimos para casamento eram recusados nos casos onde um dos futuros parceiros sofresse de alguma "doença mental ou física hereditária". A Lei de Esterilização de 14 de julho de 1933 permitia a esterilização compulsória dos "hereditariamente doentes", isto é, daqueles considerados (em termos nazistas) débeis mentais congênitos, esquizofrênicos, maníaco-depressivos, dos portadores da doença de Huntington, de cegueira ou surdez hereditária, os alcoólatras crônicos e aqueles com sérias deformidades físicas. Em 24 de novembro de 1933, foi concedida permissão para se castrarem os "criminosos habituais perigosos"; e, na realidade, testes biológicos foram realizados em todos os prisioneiros no Terceiro Reich. Entre janeiro de 1934 e setembro de 1939, em torno de 320.000 alemães foram esterilizados à força. De junho de 1935 em diante, o aborto tornou-se obrigatório para as mulheres com até seis meses de gravidez, quando as "cortes de saúde" considerassem a mulher em questão "hereditariamente doente". (O envolvimento de profissionais de saúde em todos esses processos deve ser observado.)

O critério racial também determinava o tratamento de trabalhadores depois da importação de milhões de trabalhadores estrangeiros manuais durante a guerra. Os trabalhadores alemães encontravam-se em posições de chefia; em termos salariais, os trabalhadores estrangeiros ocidentais (franceses, holandeses e italianos) eram tratados mais como os trabalhadores alemães, apesar de as deduções sobre os seus salários serem maiores e serem forçados a viver em acampamentos. Poloneses e russos, por sua vez, recebiam remunerações bem mais baixas, estavam sujeitos a uma grande quantidade de abusos físicos e eram regulados por restrições legais particulares, apesar de algumas delas serem relaxadas em alguns momentos, por razões de eficiência produtiva. As relações sexuais com alemãs, da parte de poloneses ou russos, eram puníveis com a morte.

Um exemplo clássico das consequências bárbaras do projeto de higiene racial foi dado pelo programa de "eutanásia": o assassinato de alemães com deficiência mental. Apesar de ter começado a partir da resposta de Hitler a um pedido específico, descrito no próximo capítulo, o programa de "eutanásia" foi planejado e administrado por importantes psiquiatras, médicos e especialistas em administração. Começando pelas crianças, passou a incorporar os adultos em junho ou julho de 1939. Embora a oposição de importantes personalidades da Igreja Católica tenha levado à suspensão da campanha, ela foi reiniciada (agora sob o manto do segredo) no contexto da guerra e testemunhou a execução de um grande número de pacientes mentais nos hospitais poloneses. Aproximadamente 70.000 alemães foram mortos neste programa.

O mais infame aspecto do Terceiro Reich também foi consequência do racismo nazista: o massacre dos ciganos e dos judeus. Se o genocídio foi ou não planejado por Hitler e os nazistas desde o início é tema para um debate acalorado e que será discutido no próximo capítulo. A exclusão dos ciganos e dos judeus de uma "saudável" nação ariana, todavia, começou bem antes de 1939. Com a aproximação dos Jogos Olímpicos de 1936, em Berlim, como uma justificativa, centenas de ciganos foram removidos para um "lugar de repouso" em Marzahn, um sítio próximo ao depósito de lixo de Berlim. Logo, o local foi cercado com arame farpado e transformou-se em um campo de concentração de fato, de onde ciganos eram mandados para as câmaras de gás do leste europeu ocupado em 1942-43. Mais conhecido, certamente, é o destino dos judeus e este destino é relatado no próximo capítulo.

★ ★ ★

O fato de que a sociedade nazista tenha passado por mudanças significativas como resultado da política racial é indiscutível. As oportunidades de vida de seus cidadãos dependiam mais de sua raça e "pureza racial" do que de qualquer outro fato isolado. Em outros aspectos, mudou muito menos. A despeito de uma maior mobilidade social, as bases objetivas da sociedade de classes (grandes desigualdades de renda e propriedade) permaneciam. Nesse sentido, o Terceiro Reich era, em "termos objetivos", uma sociedade de classes. Porém, é possível argumentar que os nazistas obtiveram sucesso ao criar seu *Volksgemeinschaft*[2] em termos subjetivos, que os alemães tenham se unido sob a liderança de Hitler e que as tradicionais divisões e lealdades de classe, confissão religiosa e região tenham sido superadas. Dessa forma, a ideologia e a propaganda nazistas conseguiram realmente encobrir problemas econômicos e sociais reais. Isso, pelo menos, é o que os próprios nazistas reivindicavam. É uma afirmação repetida por David Schoenbaum, entre outros. A ideia de que os nazistas tenham obtido sucesso nesse ponto obviamente implica uma mudança nas crenças e valores de milhões de alemães. Todavia, é aqui que começam os problemas. Simplesmente, como podemos saber o que os "alemães" estavam pensando e sentindo entre 1933 e 1945? Nesse contexto, não se pode simplesmente ignorar a natureza terrorista do Estado nazista e sua ubíqua vigilância da população nem o fato de que o Ministério da Propaganda, sob a liderança de Goebbels, controlava todas as formas de expressão pública. Sem sindicatos ou grupos de pressão independentes para representá-los, os alemães que ousassem criticar abertamente o regime enfrentavam a ameaça de prisão, de ser enviados para os campos de concentração, de violência da parte da SA, da SS e da Gestapo e até mesmo de ser condenados à morte. Sob tais circunstâncias, é altamente enganador interpretar a relativa

---

2 Termo alemão que significa "comunidade do povo" (*N. do T.*).

ausência de oposição aberta ou resistência (e, na realidade, houve muito mais de ambas do que frequentemente se imagina), como uma aceitação tácita ou uma concordância com os objetivos do partido e do governo no Terceiro Reich.

As pressões contra os dissidentes foram reforçadas por dois outros fatores. Quando os nazistas assumiram o poder em 1933, aproximadamente seis milhões de alemães estavam sem trabalho. Apesar dos induzimentos que levaram muitas mulheres a deixar as fábricas, abrindo, destarte, vagas para os homens, apesar da reintrodução do alistamento militar e da criação do Serviço de Trabalho, no qual seis meses de serviço eram compulsórios para jovens adultos do sexo masculino, e apesar da "maquiagem" das estatísticas de desemprego (dificilmente uma atitude exclusiva dos nazistas), ainda havia dois milhões de desempregados no início de 1936. Apenas no *boom* subsequente é que o desemprego foi erradicado. Esse nível de desemprego podia ser manipulado pelo Estado e o NSDAP: os oponentes do regime enfrentavam dificuldades para encontrar emprego, ao passo que os membros da Juventude Hitlerista e do Partido Nazista recebiam tratamento preferencial. Esse foi um dos fatores que levaram a uma expansão gigantesca no tamanho dessas duas organizações depois de fevereiro de 1933. Na ocasião, a Juventude Hitlerista possuía apenas 55.000 membros; já no final do mesmo ano, metade dos jovens alemães com idade entre dez e catorze anos haviam aderido à organização e mais de quatro milhões eram membros ao final de 1935. O NSDAP testemunhou expansão parecida, aumentando o número de seus associados por volta de 200 por cento entre janeiro de 1933 e o final de 1934. Em 1939, possuía nada menos do que cinco milhões de membros. Obviamente poderia haver muitas razões para esse repentino aumento nas adesões, mas não resta dúvida de que, para muitos, oportunismo e perspectivas de emprego eram as principais motivações. O segundo fator que reforçava a influência nazista sobre a sociedade alemã foi o advento da Segunda Guerra Mundial em 1939. Resistir ao governo em tempos de guerra poderia ser visto não apenas como oposição a determinadas políticas, mas como traição; de todo modo, a natureza terrorista do regime tornou-se ainda mais marcada durante o conflito. O número dos crimes que justificavam a pena de morte aumentou de três para 46; e mais de 15.000 dessas sentenças foram distribuídas pelas cortes da Alemanha durante a guerra.

Dito isto, não é de surpreender que os historiadores da resistência e da oposição no Terceiro Reich tradicionalmente concentrassem suas atenções em um pequeno número de resistentes identificáveis, mais comumente sob a forma de militares. A inquietação dos generais Beck e Halder, no final dos anos 1930, e, sobretudo, o Atentado de Julho de 1944 têm se transformado nos focos de atenção. Também tem sido contada a história das atividades do grupo "Rosa Branca", composto por estudantes de Munique durante a guerra, o papel duplo da contrainteligência alemã (a *Abwehr*) sob o comando do Almirante Canaris, e a oposição da "Orquestra Vermelha", composta por comunistas, artistas e intelectuais de esquerda. Todavia, esse relato da resistência tem sido substancialmente modificado pelas pesquisas recentes. Primeiro, acontece que muitos dos conspiradores militares do atentado de 1944 não compartilhavam necessariamente dos mesmos valores democráticos e alguns eram racistas. Também tem sido observado que, de longe, a grande maioria dos alemães encarcerados (nas prisões e nos campos de concentração) por crimes políticos vinham da classe trabalhadora. Terceiro, a classificação de atitudes, na Alemanha nazista, como de "resistência", de um lado, e de "consentimento", de outro, não capta o amplo espectro de opiniões que iam da aclamação favorável, passando pelo consentimento, pela aquiescência e pela indiferença, chegando à discordância, à oposição e à resistência aberta. Onde a maioria das pessoas se encontrava nesse espectro está longe de ser claro, dada a natureza repressiva do regime.

Isso não quer dizer que o Terceiro Reich baseava-se exclusivamente na repressão. Uma variedade de políticas encontrava a aprovação de grandes segmentos da sociedade alemã. Isto significa, no entanto, que qualquer reconstrução sobre o que os homens e mulheres comuns da Alemanha pensavam a respeito de seus governantes nazistas está longe de ser fácil e que o silêncio não deve ser interpretado simplesmente como aceitação. A relação entre o governo e o povo alemão precisa ser analisada a partir do ponto de vista de grupos específicos, e demanda um exame cuidadoso e diferenciado. Ao tentar tal análise, somos ajudados por duas fontes relativamente pouco comuns: os relatórios de inteligência da Gestapo e os dos membros do SPD no exílio (os assim chamados relatórios SOPADE). Os dois conjuntos de relatórios possuem matizes suficientes para transmitir algum grau de convencimento. O que é ainda mais

O ESTADO NAZISTA E A SOCIEDADE   85

marcante, dadas as origens inteiramente diferentes, é o fato de que eles são frequentemente bem similares em suas conclusões acerca da opinião pública entre 1933 e 1945.

Uma análise da relação entre o exército e o governo no Terceiro Reich apresenta vários traços que podem ser encontrados em outros grupos e instituições durante o mesmo período. Primeiro, havia toda uma série de políticas com as quais o Alto Comando podia se identificar quase que totalmente. Estas incluíam ataque aos comunistas e social-democratas, ênfase na família tradicional e nos valores morais, desmonte da política dissonante da República de Weimar, incremento dos gastos militares, rearmamento, reintrodução do alistamento militar e restauração da grandeza nacional mediante o enfraquecimento das disposições do Tratado de Versalhes. Esses eram os valores que os nazistas compartilhavam não apenas com a *Wehrmacht*, mas também com a classe média alemã de forma geral. As tensões entre Hitler e o exército tornaram-se mais evidentes, contudo, quando ele interferiu em questões militares ou quando importantes generais, como Ludwig Beck, passaram a temer que sua política externa levasse à derrota, como aconteceu, em 1936, no caso da remilitarização do Vale do Reno, dois anos mais tarde, no caso da *Anschluss*, com a Áustria, e novamente na crise dos sudetos. (Essa posição tinha pouco a ver com uma oposição moral ou por princípios à política nazista, mas é provavelmente mais bem interpretada como autointeresse militar.) De qualquer modo, o plano de Beck caiu aos pedaços quando a Grã-Bretanha e a França satisfizeram Hitler no que diz respeito à então Tchecoslováquia e reforçaram a posição e o prestígio do *Führer*. Muito das origens da oposição a Hitler dentro do exército, durante a guerra, tinha como origem motivos semelhantes: ressentimento por Hitler se intrometer em questões militares e o medo de que tal intromissão levasse à derrota. Entretanto, também surgiu dentro do exército o que pode ser descrito como uma oposição mais moral e de princípios, que repugnava a crueldade do governo nazista. Essa oposição, que incluía Moltke e Stauffenberg, tinha contatos com elementos dentro das igrejas e até alguns socialistas, que compartilhavam as mesmas opiniões. Ela representou um papel central nas tentativas dos atentados à bomba contra Hitler em 1944, embora se deva observar, mais uma vez, que muitas das pessoas envolvidas no complô não eram necessariamente livres de atitudes antissemitas ou antidemocráticas.

Uma mistura semelhante de autointeresse institucional, concordância com certos aspectos da política nazista e ainda oposição por princípios era encontrada nas igrejas alemãs. A Igreja Evangélica (Luterana) tinha uma longa tradição de obediência à autoridade política e tinha fortes laços históricos com o conservador Estado prussiano. Abominava o socialismo, identificava-se com a ênfase nazista na moral tradicional e nos valores familiares e, de forma alguma, ressentia-se do fim da pecaminosa e materialista República de Weimar. Também dava total apoio à restauração do orgulho nacional. Apesar disso, as posturas em relação ao regime e às suas políticas, dentro da Igreja Protestante, estavam longe de ser unificadas. Havia alguns, autodenominados "cristãos alemães", que davam total apoio ao sistema e têm sido descritos como a "SA da Igreja". Eles acreditavam que o cristianismo era essencialmente uma religião nórdica que fora corrompida por influências judaicas (alguns problemas aqui com a figura histórica do Cristo!), que os alemães tinham uma missão divina e que o "problema judeu" tinha de ser resolvido. Tais criaturas estranhas, contudo, não eram típicas da Igreja Evangélica como um todo. De um lado, a hierarquia da igreja procurava evitar o conflito com o regime, sem endossar todos os aspectos de suas políticas. De outro, ela ficou preocupada, assim como o exército, quando nazistas de convicções mais radicais e pagãs tentaram interferir em seus assuntos internos. Também havia, dentro das fileiras do protestantismo alemão, uma oposição de princípios, que denunciava a brutalidade, a impiedade e o racismo do domínio nazista e estabeleceu a "Igreja Confessional" (*Bekennende Kirche*), cujo representante mais famoso era o pastor Dietrich Bonhoeffer, que se envolveu com a resistência ativa a Hitler. Mesmo no caso de Bonhoeffer, porém, tem sido observado que a sua preocupação com os judeus que haviam se convertido ao cristianismo e não se aplicava no caso dos não convertidos. Assim, não havia uma única atitude protestante em relação ao governo no Terceiro Reich, mas uma gama de atitudes: a aceitação de algumas políticas, mas a rejeição de outras. Não foi definitivamente o caso de os alemães terem abandonado suas igrejas – ou pelo menos não a geração mais velha de frequentadores de igreja protestantes e católicos. Em 1934, por exemplo, quando dois bispos protestantes foram presos, aconteceram protestos violentos em prol de sua libertação.

A aliança da Igreja Católica na Alemanha a Hitler e ao seu regime foi ainda mais problemática, dado o comprometimento prévio dessa igreja com Roma, apesar de a assinatura de uma concordata entre o papado e o Terceiro Reich, em 20 de julho de 1933, ter facilitado as relações. A Igreja Católica também podia se identificar com os ataques aos comunistas e social-democratas. Ela apoiava a ênfase na moralidade tradicional e compartilhava muito da visão nazista sobre o papel da mulher e da família na sociedade alemã. Também havia considerado a democracia pluralista e dissonante da República de Weimar como menos satisfatória do que alguma forma de Estado corporativo, como defendido em uma encíclica papal de 1931. Todavia, as campanhas anticlericais nazistas em 1936-37 e 1941, a interferência nas escolas e organizações de jovens católicos e o assédio aos padres católicos geraram oposição institucional ao governo. Em alguns casos, a oposição possuía uma dimensão moral, como aconteceu de forma mais notória no caso da política de eutanásia. Isso foi denunciado do púlpito pelo bispo católico de Münster, von Galen. O regime foi forçado a abandonar o assassinato aberto dos doentes físicos e mentais, embora a campanha de eutanásia tenha continuado secretamente. (De maneira significativa, nem a Igreja Católica, nem a Evangélica tomaram posição semelhante no caso do antissemitismo nazista.) Alguns padres católicos, como Alfred Delp, também se envolveram na resistência a Hitler que levou ao atentado à bomba de julho de 1944. Mais uma vez, prevalecia uma gama de atitudes, e novamente a comunidade católica da Alemanha permanecia leal à sua igreja. A prisão de padres populares, as tentativas de remover os crucifixos das salas de aula e outras formas de interferência nazista geraram, em algumas ocasiões, protestos populares em áreas que eram fortemente católicas. Ocorreram passeatas, as mães recusavam-se a mandar os seus filhos para a escola e houve ameaças de não se pagar os impostos. Em tais situações o NSDAP local era frequentemente forçado a voltar atrás, depois de receber instruções da hierarquia partidária.

O exército e as igrejas forneciam os exemplos mais óbvios de dissidência e oposição abertas no Terceiro Reich. Isso não era nenhuma coincidência: nos dois casos, organizações com um limitado grau de autonomia continuaram a existir e, assim, podiam fornecer um arcabouço institucional e apoio coletivo para os atos de dissidência. Daí, a sua proeminência. No caso da classe trabalhadora alemã, por outro lado, a infraestrutura institucional de apoio à resistência coletiva fora totalmente destruída. Não havia mais sindicatos nem aqueles enormes partidos políticos (o KPD e o SPD), com as suas inúmeras organizações educacionais e de lazer ancilares. Também foi a classe trabalhadora alemã que, com a notável exceção das minorias raciais, sofreu as principais consequências da violência e da repressão nazistas. De longe, a maior parcela dos alemães detidos, presos e encarcerados nos campos de concentração, por atos de oposição política, era composta de trabalhadores. Tanto o KPD como o SPD mantiveram sua oposição na clandestinidade durante toda a existência do regime, reemergindo depois de 1945, embora temporariamente no caso dos comunistas. (Interessante notar que, não foram os nazistas, mas a Guerra Fria, que destruiu o Partido Comunista, o qual ainda registrava o apoio de vinte por cento do eleitorado em algumas cidades do vale do Ruhr, na zona de ocupação britânica, imediatamente depois da guerra.) Claro que a maioria dos trabalhadores não se vira envolvida na perigosa busca por uma resistência ativa, mas a maioria dos historiadores do movimento operário concordam que o governo nunca foi bem-sucedido na conquista do efetivo apoio, ao menos da geração mais velha de trabalhadores. Pelo contrário, estes trabalhadores mais velhos voltavam-se para as suas vidas particulares, para uma sombria apatia e resignação.

Segundo os relatos da Gestapo e dos membros do SPD no exílio, está claro que havia um amplo descontentamento acerca dos preços dos alimentos em 1935 e no início de 1936. Houve, inclusive, algumas greves entre aqueles que estavam construindo as *Autobahnen*, em 1935, a despeito das consequências para esse tipo de protesto. Os constrangimentos contra a ação coletiva, no entanto, eram fortes o suficiente para torná-la extremamente rara. Por outro lado, houve um aumento nos atos de indisciplina industrial (lentidão no trabalho e absenteísmo) em 1937-38, o que preocupou o governo o suficiente para que se criminalizasse esse tipo de atividade. É provavelmente errado caracterizar esses desdobramentos como alguma forma de oposição política, mas eles indicam que os trabalhadores ainda estavam cientes de sua posição como *trabalhadores* – nada surpreendente – e que não haviam engolido o mito da "comunidade do povo".

Mesmo no caso da classe trabalhadora da Alemanha, entretanto, isso está longe de ser toda a história. Havia aspectos da política nazista que podiam encontrar uma ressonância positiva até mesmo neste caso. Apesar de desconfiados das razões do regime, muitos trabalhadores saudaram as atividades de lazer e os feriados organizados pela organização "Força pela Alegria". Aqueles que obtiveram empregos depois da onda de desempre-

O ESTADO NAZISTA E A SOCIEDADE 89

go podem muito bem ter sentido alguma espécie de gratidão pelos seus novos governantes. Os beneficiários da remuneração por resultados e aqueles que alcançaram postos de chefia (particularmente durante a guerra com a maciça escassez de mão de obra e a utilização de trabalho escravo estrangeiro) também tinham alguma razão para não se sentirem tão descontentes. Nesse contexto, o fator idade provavelmente desempenhou algum papel. É bastante claro que os trabalhadores mais velhos que fizeram parte dos movimentos comunista e social-democrata não foram, em sua maioria, persuadidos pela mensagem nazista. Trabalhadores mais jovens, ao contrário, sem esse tipo de experiência, possivelmente os beneficiários do "princípio do desempenho", geralmente tinham uma imagem mais positiva do nazismo. Foi por meio da juventude alemã que a ideologia e a organização nazistas fizeram suas incursões, por exemplo, pelas comunidades rurais.

Não resta dúvida de que a juventude era mais suscetível ao apelo de Hitler, em comparação com as gerações mais velhas, com suas lealdades confessionais e de classe. Os estudantes de Munique, do grupo de resistência "Rosa Branca", estavam longe de ser exemplos típicos da sua geração. Muito mais jovens gostavam das atividades da Juventude Hitlerista ou da Liga das Moças Alemãs. Mas, mesmo nesse ponto, os nazistas não obtiveram tudo à sua maneira. À medida que a Juventude Hitlerista tornava-se cada vez mais militarizada e burocratizada e que a sua liderança envelhecia, ela ficava menos popular entre os jovens da Alemanha. A capacidade dos nazistas de influenciar a cultura popular dos alemães mais jovens era também decididamente limitada. O regime pregava contra os perigos da música *swing* (americana e decadente) e, pior ainda, do *jazz* (condenado como negroide), mas isso não impediu que muitos adolescentes de classe média as ouvissem. Reconhecidamente, o fenômeno da "Juventude *Swing*" não pode de forma alguma ser descrito como dissidente, mas é mais uma indicação de que os governantes da Alemanha não podiam simplesmente livrar a população de suas preferências e impor outras no lugar. Esse argumento aplica-se, de maneira ainda mais forte, a alguns setores da juventude da classe operária nas grandes cidades, onde gangues de rua com nomes intrigantes (os Navajos, os *Raving Dudes* – observam-se aqui referências hollywoodianas, em vez de alemãs) eram formadas. Estes *Edelweisspiraten* (Piratas de Edelweiss), como ficaram conhecidos, rejeitavam os valores do regime, cantavam *hits* populares americanos e parodiavam os hinos da Juventude Hitlerista. O estilo de vida e as ações dessas gangues eram considerados tão ameaçadores pelas autoridades nazistas que mais de 700 membros de gangues foram presos, em dezembro de 1942, e vários de seus líderes vieram a ser enforcados. Em Colônia, em 1944, alguns membros de guanges até se juntavam aos desertores do exército, aos prisioneiros de guerra fugitivos e aos trabalhadores estrangeiros, em conflitos armados contra as forças da lei e da ordem.

Obviamente que os *Edelweisspiraten* não eram característicos nem da juventude, nem da população alemã de forma geral, mas já vimos o suficiente para concluir que não havia uma conformidade de opinião dentro do Terceiro Reich e que a população não sofrera uma "lavagem cerebral" de forma a se identificar com tudo o que fosse nazista. Em geral, a propaganda nazista, tanto antes quanto depois da tomada do poder, era mais bem-sucedida nos locais onde pudesse tirar proveito dos preconceitos e valores tradicionais da sociedade de classe média alemã, de questões como nacionalismo, antissemitismo e valores familiares. Tristemente, tem de se admitir que a retirada dos vagabundos, dos delinquentes e dos ciganos das ruas podia também contar com uma boa dose do apoio desta mesma camada social. Se isso também se aplicava ao antissemitismo é um assunto bem mais controverso e que será debatido no próximo capítulo. Porém, onde quer que o regime se colocasse contra lealdades tradicionais, era muito menos bem-sucedido, não apenas como no caso mais evidente das igrejas, mas também no caso da classe trabalhadora alemã.

Alguns aspectos do regime eram mais populares do que outros. Ao passo que os períodos de escassez de 1935-36 geraram uma grande dose de reclamações, a prosperidade econômica relativa de 1936-38 foi acompanhada de atitudes mais positivas em relação ao governo. E, embora o Partido Nazista e os seus funcionários interesseiros tornassem-se cada vez mais detestados, a popularidade pessoal de Hitler alcançou níveis sem precedentes. Uma das razões mais importantes para isso, certamente, foi o sucesso da política externa, que poderia ser atribuído a Hitler quase que totalmente. Porém, mesmo nesse ponto, a opinião pública estava longe de ser unidimensional. A remilitarização do Vale do Ruhr, a *Anschluss* com a Áustria e a ocupação da então Tchecoslováquia foram populares entre o povo alemão, não apenas por restaurarem o orgulho nacional do país, mas também porque foram conquistadas *sem guerra*. Todas as evidências sugerem que havia um amplo temor, dentro da Alemanha, de uma repetição dos eventos de 1914-18 e que a reação inicial à invasão da Polônia, no início de setembro de 1939, foi de medo. A partir daí, no entanto, as vitórias rápidas e relativamente sem derramamento de sangue de 1939 e 1940, primeiro na Polônia e depois no ocidente, levaram Hitler ao pináculo da popularidade e do poder pessoal, muito embora medos e ansiedades voltassem a acompanhar a invasão da Rússia, em 22 de junho de 1941. As derrotas subsequentes e a intensificação do bombardeio Aliado de cidades alemãs obviamente levaram a uma deterioração do moral e à perda da fé no *Führer*, pois esta fé sempre esteve baseada no mais absoluto sucesso. O carisma raramente sobrevive à derrota, embora mesmo nesse caso deva-se dizer que os soldados, na linha de batalha, permanecessem leais a Hitler, como deixaram claro as entrevistas de soldados alemães feitas pelos americanos no fim da guerra.

Em meio aos conflitos, às competições e às rivalidades do Terceiro Reich, o "mito de Hitler" constituía um fator de integração. Criado, primeiro, dentro do próprio NSDAP e, depois, transmitido ao restante do povo alemão, principalmente por meio de inúmeras ações do Ministério da Propaganda de Goebbels, o mito alimentava-se, sobretudo, das vitórias militares e da política externa alemã no período 1936-42. Ele ganhou força pelo fato de Hitler representar uma espécie de unidade nacional e da aparente harmonia, que notoriamente estivera ausente nos dias da República de Weimar. Adicionalmente, Hitler era visto como um homem do povo, uma pessoa que não se dava ares de importante, como Göring, e que estava acima da corrupção e do autointeresse que caracterizavam muitos no Partido Nazista, entre 1933 e 1945. Hitler era até considerado, por muitos na sociedade alemã, como um representante da lei e da ordem! Essa imagem lucrou enormemente com a destruição da liderança da SA durante a "Noite dos Longos Punhais", em 1934, e parecia confirmar que o *Führer* era um moderado, em contraste com os bandidos que eram responsáveis pela violência cometida diretamente contra o povo e a propriedade.

O Terceiro Reich eregiu um sistema de repressão e de dominação que se tornou cada vez mais radical na implementação de seus objetivos. Durante a Segunda Guerra Mundial, ele se revelou em todas as intensas cores de sua barbárie, à medida que os parcos aspectos constitucionais e legais ainda remanescentes – e foram realmente poucos – eram eliminados pela crueza da ocupação militar e do genocídio.

4

Guerra e destruição

Durante o curso da Segunda Guerra Mundial, a natureza "militarista" do regime alemão atingiu o seu apogeu. Isso não foi só porque a Alemanha estava agora em guerra – e, no *front* oriental, em uma guerra de uma barbaridade quase sem precedentes –, mas também porque nos territórios recém-ocupados, particularmente na Polônia e na União Soviética, o governo, no sentido usual do termo, fora substituído pela crueza da dominação dos senhores da guerra nazistas, que competiam entre si pelos despojos da vitória e controlavam enormes feudos. Destes, o mais notável foi o império da SS, erigido por Heinrich Himmler. Em 1944, havia 40.000 guardas de campos de concentração, 100.000 informantes da polícia, 2,8 milhões de policiais e 45.000 oficiais da Gestapo. Essa expansão foi uma consequência da crescente repressão, dentro da Alemanha, durante a guerra, e da ampliação dos campos de concentração e do seu papel não apenas como prisões ou instituições de massacre, mas também como fontes de trabalho escravo. As unidades armadas da SS (as *Waffen* SS), que desempenharam um papel descomunal na implementação das políticas de genocídio, recrutavam 310.000 homens a mais entre os alemães étnicos de fora das fronteiras do Reich. Outros senhores da guerra nazista incluíam Fritz Sauckel, cujo feudo tratava de deslocamentos de mão de obra, Robert Ley, responsável pela habitação, o chefe da Frente Trabalhista Alemã, Fritz Todt, e o seu sucessor Albert Speer, que tiveram o controle dos armamentos e munições, e Hermann Göring, cuja agência responsável pelo Plano Quadrienal estendeu o seu império sobre os transportes, a mineração, a produção química e o controle de preços, além de espoliar a Polônia ocupada. A proliferação e a fragmentação de agências, que efetivamente impediam qualquer coordenação de estratégia econômica e militar até os últimos dias da guerra, eram ainda combinadas com o crescente poder dos *Gauleiter*, cujas ligações diretas com Hitler subvertiam a influência da burocracia estatal. Na verdade, à medida que a guerra progredia, eram as agências do partido e as "autoridades especiais" do *Führer* que aumentavam o seu poderio à expensa dos burocratas de carreira. Aos *Gauleiter* eram confiadas muitas das novas tarefas relacionadas ao esforço de guerra no próprio país, mas frequentemente eles também eram encarregados dos territórios recém-ocupados.

O que deu autoridade aos *Gauleiter* e às agências especiais foi o seu contato pessoal com o *Führer*, cujo poderio era agora absoluto. A erosão das estruturas tradicionais de governo, que permitiam o exercício inconteste de tal poder, também aconteceu no próprio centro do Reich. O papel de Hans-Henrich Lammers, da Chancelaria do Reich, estava enfraquecido, especialmente depois da invasão da União Soviética e pela ascensão de Martin Bormann como chefe da Chancelaria do partido. Era agora Bormann quem controlava o acesso a Hitler e quase sempre passava por cima de órgãos governamentais, no que dizia respeito à legislação nos territórios ocupados. Ele também supervisionava quais informações chegavam a Hitler e transmitia as "decisões" do *Führer*, que frequentemente eram comentários casuais feitos à mesa de jantar, às diversas agências do partido e do Estado para serem implementadas. A natureza totalmente informal de tal processo de tomada de decisão foi bem mais óbvia no decorrer da campanha de eutanásia.

As circunstâncias precisas acerca do início do programa de eutanásia estão longe de serem conhecidas. Parece que um número não desprezível de alemães, tendo em mente a retórica da eugenia nazista, encaminharam pedidos ao KdF, solicitando permissão para acabar com as vidas de suas crianças anormais e com deformidades. Foi uma dessas tais petições que pôs em funcionamento esta bárbara campanha, provavelmente em 1939. Um pai solicitou permissão a Hitler para que a sua criança seriamente deformada fosse "posta para dormir". Hitler concordou e pediu que o seu médico particular se encarregasse de tal tarefa. Dessa forma, o processo de eutanásia começou, ainda que as crenças eugênicas e o comprometimento com a pureza racial, da parte do *Führer*, tenham fornecido, obviamente, o fundamento racional para tal ação e que tal programa já estivesse em discussão havia algum tempo. Sem dúvida, concordando com Ian Kershaw, aqui está outro exemplo dos cidadãos da Alemanha "trabalhando a favor do *Führer*", ao requisitar ações que sabiam que ele apoiaria. Hitler deu à Chancelaria do *Führer* o sinal para que casos similares pudessem ser tratados de forma semelhante e, mais à frente, que adultos, assim como as crianças, pudessem ser incorporados à campanha. Friamente, os médicos dos asilos na Alemanha cooperavam, fornecendo à Chancelaria do *Führer* listas com os nomes dos deformados e dos mentalmente doentes. No final das contas, 70.000 foram assassinados, em um programa que foi deliberadamente tirado do controle tanto do Ministério do Interior quanto das autoridades do serviço de saúde. Alguns dos responsáveis pelo programa de eutanásia estiveram posteriormente envolvidos no extermínio dos judeus poloneses. A desumanidade do programa de eutanásia representava não apenas a natureza assassina do governo nazista, mas também seu total desprezo ao devido processo legal. Nunca foi sancionada nenhuma lei nem nenhum ministro consultado a seu respeito. Começou com um caso particular e sem nenhum documento escrito. Quando Hitler foi mais tarde obrigado a produzir alguma autorização escrita, ele escreveu algumas poucas linhas em um papel de carta e − significativamente − datou retroativamente a autorização com a data do primeiro dia da guerra.

O começo da guerra também fez com que a perseguição nazista aos "outsiders" e o seu tratamento nos campos de concentração se radicalizasse. Anteriormente, relativamente poucos "estranhos à comunidade" haviam sido mortos. Agora, internos eram fuzilados, recebiam injeções letais, estavam sujeitos a experiências médicas, eram forçados a trabalhar até morrer ou eram transportados para as câmaras de gás. Em 1942, houve mais uma radicalização: quase um terço de todos os "associais" encarcerados no campo de concentração de Mauthausen morreram mensalmente no ano seguinte. Concomitantemente, houve um incremento no número de execuções oficiais no Reich. Enquanto 139 sentenças de morte foram promulgadas pelas cortes alemãs em 1939, o número subiu para 4.000, apenas em 1942. Em janeiro de 1945, 800 prisioneiros na penitenciária de Sonnenberg (uma prisão estatal e não um campo de concentração) foram executados por 85 oficiais. Junto a um aumento maciço do número de internos nos campos de concentração (mais de 700.000, no início de 1945) acompanhou uma maior probabilidade de morte – em marchas forçadas ou como um resultado de trabalhos forçados, doenças ou mesmo câmaras de gás, que eram usadas em Ravensbrück e Mauthausen.

O terrorismo e a violência racial culminaram com a tentativa de extermínio dos ciganos e dos judeus europeus. O número dos ciganos que morreram nos campos de extermínio não é claro: os cálculos variam de 220.000 a mais de um milhão. Certamente, a aniquilação dos judeus ocorreu em uma escala ainda maior. Já examinamos (capítulo 1) os violentos preconceitos antissemitas que Hitler expressou no *Mein Kampf*. Embora o tema tenha sido pouco enfatizado na propaganda eleitoral nazista entre 1928 e 1933, ele depois reemergiu com as mais horripilantes consequências. Na primavera e no verão de 1933, muito da violência dos braços locais do Partido Nazista e dos grupos da SA foi dirigida contra os judeus e as suas propriedades. Em Berlim, judeus da Europa Oriental, que viviam no bairro Scheunenviertel, foram acossados e sujeitos a abusos físicos por grupos de nazistas. Em Breslau, advogados e juízes judeus foram atacados. Em Mannheim, a SA local ordenou o fechamento das lojas judaicas. Em Straubing, os excessos nazistas contra os judeus locais acabaram em assassinato. Em parte, para controlar tamanha violência descoordenada, o regime organizou um boicote ao comércio judeu para o primeiro de abril de 1933, embora isso pareça ter tido pouco sucesso entre a população alemã em geral. Em 7 de abril de 1933, a "Lei para a Restauração do Serviço Público Profissional" expulsou os judeus do funcionalismo público (a não ser que eles ou os seus pais tivessem lutado na Grande Guerra – uma concessão a Hindenburg). Dezoito dias mais tarde, uma legislação adicional restringiu o número de judeus que podiam ser indicados para trabalhar nas escolas ou universidades alemãs. Em setembro de 1933, os judeus foram proibidos de possuir fazendas ou de serem contratados para empregos agrícolas e, no mês seguinte, foram impedidos de fazer parte da Associação de Jornalistas. As iniciativas antissemitas eram tanto públicas quanto privadas e eram dirigidas tanto central quanto localmente. Já em março de 1933, a cidade de Colônia fechou as instalações desportivas municipais para os judeus. Em abril, os boxeadores judeus foram expulsos da Associação Alemã de Boxe.

O sentimento antissemita da parte dos radicais nazistas e da SA intensificou-se em 1935, como uma espécie de substituto para a perda de poder e posição resultante da execução de seus líderes durante a "Noite dos Longos Punhais". A violência antijudaica aumentou no final de março e, novamente, em junho. Foi complementada por anúncios do Ministério do Interior de que uma legislação adicional, excluindo os judeus das forças armadas, estava prestes a ser promulgada. Deste modo, assim como o boicote das lojas em 1933, a promulgação das "Leis de Nuremberg", em 15 de setembro de 1935, foi uma resposta aos excessos indisciplinares no baixo escalão do movimento nazista, bem como uma declaração adicional dos preconceitos do regime. As leis de Nuremberg traçaram uma distinção entre aqueles com sangue ariano, que possuíam direitos totais como "cidadãos", e os "súditos" não arianos. A "Lei para Proteção do Sangue Alemão" proibiu o casamento e as relações sexuais entre judeus e não judeus. As famílias judias foram proibidas, desde então, de ter empregados arianos com menos de 45 anos de idade e não era permitido aos judeus hastear a bandeira alemã, que seria agora preta, vermelha e branca com uma suástica no centro. As leis foram expandidas por vários decretos suplementares no final do ano, que forçavam os servidores públicos judeus remanescentes (anteriormente isentos), professores, médicos e advogados empregados pelo Estado a deixarem os seus empregos, e privavam os judeus em geral do direito de voto e das liberdades civis. A "Lei para Proteção da Saúde Hereditária do Povo Alemão", de outubro de 1935, também objetivava registrar os membros das "raças estrangeiras" e aqueles pertencentes aos grupos raciais de "menor valor". Os alemães agora precisavam de licenças atestando que o seu futuro parceiro de casamento estava "apto a casar"; e o casamento com ciganos, negros e os seus descendentes ilegítimos estava proibido. O objetivo dessa legislação era isolar os judeus do resto da sociedade alemã e tornar suas vidas tão insuportáveis que os forçassem a emigrar. Na realidade, seria este o tema que permaneceria dominante na política antissemita até o início da guerra, em 1939.

Uma posterior onda de atividade antijudaica foi desencadeada pelo discurso de Hitler no Congresso do Partido Nazista, em Nuremberg, em 1937, quando ele lançou invectivas contra o "bolchevismo judeu"; no ano seguinte, a *Anschluss* com a Áustria produziu uma exibição mais ruidosa e sádica de antissemitismo no território recém-anexado. Na verdade, os austríacos pareciam "mais ávidos por ações antijudaicas" (Saul Friedländer) do que os alemães do Velho Reich (a Alemanha propriamente dita). Na Áustria, a pressão para forçar os judeus a emigrar tornou-se mais sistemática e alguns eram fisicamente jogados através das fronteiras em direção à Suíça, à Hungria e à então Tchecoslováquia. Entrementes, mais violência antissemita ocorreu na primavera e no início do verão de 1938 na própria Alemanha e foi acompanhada por várias iniciativas da parte do regime. Em abril de 1938, os judeus foram obrigados a registrar suas propriedades. Em junho, 10.000 "associais" e "criminosos habituais" foram presos, dos quais 1.500 eram judeus. Os judeus entre eles foram despachados para o campo de concentração de Buchenwald, que fora montado no ano anterior. Em julho, vários serviços financeiros (mercado imobiliário, corretagem de valores e informação de crédito) foram proibidos aos judeus, assim como o foi a prática da medicina. Em setembro, os judeus foram proibidos de praticar o direito na Alemanha.

Embora Hitler tivesse pedido um fim aos atos espontâneos de violência em junho de 1938, temeroso de seu impacto ante a opinião pública e governos estrangeiros, a sua reação ao assassinato de um diplomata alemão em Paris, pelas mãos de um assassino judeu, fornece-nos um interessante *insight* de seu oportunismo calculista, e cruel. Depois do assassinato, ele declarou especificamente que o partido não deveria iniciar ataques antijudaicos, mas que também não deveria impedi-los. Na realidade, tudo isso foi feito para dar luz verde a Goebbels, que seria o principal arquiteto do *pogrom* da *Reichskristallnacht* (Noite dos Cristais – por conta dos vidros quebrados – do Reich) em 9-10 de novembro de 1938, apesar de o *pogrom* não ter sido totalmente coordenado a partir do topo. Negócios judeus e sinagogas foram atacados e totalmente queimados por membros da SA, da SS e do NSDAP. Um grande número de judeus foi atacado e alguns, assassinados. Como resultado, em torno de 10.000 judeus foram levados sob custódia, e a autoridade para lidar com a "Questão Judaica" foi transferida para a SS. A intenção agora era apressar a deportação de judeus do Reich e Adolf Eichmann assumiu o controle desse processo.

Uma série de medidas procurou retirar os judeus das vidas pública e social da Alemanha. Imediatamente depois do *pogrom* um decreto bania, na prática, os judeus de toda vida econômica, a partir de primeiro de janeiro de 1939. Em 15 de novembro de 1938, as crianças judias foram expulsas das escolas. Dois dias mais tarde, os judeus foram excluídos do sistema de previdência e, posteriormente, foram privados do acesso a lugares públicos, como teatros, cinemas, concertos, museus e instalações desportivas. O objetivo da emigração forçada era repetidamente reiterado, e a separação dos judeus do restante da sociedade alemã seguia a passos rápidos. A partir de 28 de dezembro, por exemplo, os judeus tinham de ocupar prédios que abrigassem apenas outros judeus. Em 1939, decretos adicionais estabeleciam que os contratos existentes com empresas judias podiam ser rescindidos e excluía os judeus de todas as atividades de assistência à saúde (como farmácia e odontologia). A possibilidade de vida judaica na Alemanha foi efetivamente destruída.

A eclosão da guerra, que permitiu uma radicalização de todos os aspectos do domínio nazista, também foi acompanhada por uma radicalização da política em relação à comunidade judaica. Na realidade, Hitler previra tal desdobramento em um discurso para o *Reichstag* em 30 de janeiro de 1939, quando ameaçou que o advento da guerra poderia resultar na aniquilação da população judaica europeia. Outros países já estavam se recusando a aceitar grandes quantidades de imigrantes judeus, minando, portanto, a estratégia nazista, mesmo antes de 1939. A explosão das hostilidades tornou a emigração voluntária praticamente impossível. Ademais, a aquisição de territórios no leste trouxe ainda mais judeus para um Reich em rápida expansão. A *Anschluss* e a anexação da então Tchecoslováquia colocaram 300.000 judeus a mais sob o controle nazista. A ocupação da Polônia adicionou outros três milhões; posteriormente, o número de judeus no território controlado pela Alemanha subiu para dez milhões. A estratégia de emigração tornara-se, por conseguinte, impossível. Com a derrota da Polônia, parte do país – o "Governo Geral", sob o comando de Hans Franck – foi transformada em um enorme gueto habitado por "povos inferiores", para o qual judeus arrebanhados eram transportados em vagões de gado e onde eram mantidos cada vez mais isolados e em condições as mais anti-higiênicas possíveis. Uma das primeiras consequências, para muitos, foi a morte por doença e pela fome, sobretudo à medida que o trabalho forçado se tornou a norma nos guetos judeus. Porém, isso não era nada comparado ao que aconteceu no rastro da invasão da Rússia em 1941. A guerra contra a Rússia era, usando as palavras do próprio Hitler, uma "guerra de extermínio", na qual o exército cooperou com as organizações de segurança para assassinar os comissários políticos ligados ao Exército Vermelho. O braço direito de Himmler na SS, Heydrich, deu instruções para que os funcionários do Partido Comunista e os "judeus a serviço do Estado [russo]" fossem liquidados. À medida que mais e mais prisioneiros de guerra e judeus caíam nas mãos dos alemães, os *Einsatzgruppen*, os esquadrões que implementavam as instruções de Heydrich, tornaram-se cada vez mais sem critérios em sua campanha de assassinatos. Agora, todos os judeus, não apenas homens adultos, eram vítimas do morticínio dos fuzilamentos em massa, nos quais não apenas o exército regular e a SS estavam envolvidos, mas também batalhões de polícia, que frequentemente incluíam lituanos e outros locais com fortes tradições antissemitas. Posteriormente, foi dada a ordem para que se deportassem os judeus alemães para o leste. Campos de extermínio, como os de Belzec, Treblinka e Sobibor, foram construídos, e antigos membros da campanha de eutanásia viram-se envolvidos nas preparações para o assassinato sistemático dos judeus nas câmaras de gás (uma "solução" mais "humana" para os assassinos, na opinião de Himmler!). Esta "Solução Final" foi o Holocausto, o extermínio de milhões de judeus.

Dados os perversos preconceitos antissemitas de Hitler, o que ele escrevera no *Mein Kampf* e o conteúdo do seu discurso no *Reichstag* de janeiro de 1939, não é de surpreender que a "Solução Final" tenha sido vista como a consequência lógica e inevitável das intenções do *Führer*. Há várias razões, no entanto, para que eu acredite ser tal visão simplista demais. Primeiro, muitas das ações antissemitas no Terceiro Reich não foram necessariamente iniciadas no centro político, sobretudo dado o sistema policrático de governo e o caos institucional descrito no capítulo anterior. Segundo, está longe de ser claro que a "Solução Final", como aconteceu – ou seja, o extermínio sistemático de judeus – tenha sido sempre o último objetivo. Essas observações serão explicadas com mais detalhes a seguir; mas gostaria de deixar claro, de início, que elas não têm o objetivo de absolver Hitler de responsabilidade pessoal pelo genocídio. Mesmo quando outros dentro do Partido Nazista eram responsáveis por iniciativas antissemitas (Goebbels, no caso da *Kristallnacht*, Göring, no da arianização da economia), sempre agiam tendo como referência os desejos e as visões conhecidas do *Führer*. Foi, afinal de contas, a denúncia de Hitler, em 1937, do "bolchevismo judaico", que formou o pano de fundo dos eventos que levaram à *Reichskristallnacht*. Muitas das decisões mais importantes, como a de se deportarem os judeus alemães para o leste, requeriam e obtiveram a aprovação de Hitler. Qualquer sugestão de que Hitler não sabia a respeito ou não aprovou a "Solução Final" simplesmente não é crível. Saul Friedländer tem defendido o interessante argumento de que, se o *Führer* estava intimamente envolvido no desenvolvimento da política antissemita nos dias iniciais do regime, o seu papel posterior foi o de emissor de declarações políticas bastante gerais (embora muitas vezes assassinas), a execução dessas políticas variava de um *Gauleiter* para o outro (como no caso da germanização da Polônia).

Dito isso, o desenvolvimento das políticas nazistas para os judeus era frequentemente uma resposta às iniciativas que haviam começado de baixo: a organização do boicote ao comércio judeu de 1933, por exemplo, foi parcialmente uma tentativa de controlar a violência de grupos nazistas locais a pessoas e a propriedades. O mesmo poderia ser dito da promulgação das Leis de Nuremberg em 1935. Em certo sentido, a selvageria espontânea e frequentemente impopular foram substituídas por uma política e legislação mais formal e centralizada, apesar de igualmente repulsiva e discriminatória. Esse também foi o caso depois da *Reichskristallnacht*, quando a responsabilidade pelos judeus foi passada para a SS. Além disso, os caprichos da política antissemita, o que Schleunes tem descrito como a "sinuosa estrada para Auschwitz", torna difícil ter certeza de que Hitler e os nazistas já tivessem uma visão distinta de como lidariam com os judeus. Não está claro que tenham sempre tido a intenção de cometer genocídio. Na realidade, há consideráveis provas em contrário. Aqui temos de ser cuidadosos para não lermos as observações iniciais de Hitler de um ponto de vista retrospectivo com relação ao Holocausto. Hitler realmente falou sobre livrar a Europa dos judeus e, algumas vezes, usou a expressão "erradicação" (*Ausrottung*). De fato, ele usou o termo mais frequentemente do que a palavra extermínio (*Vernichtung*). Até mesmo no seu infame discurso ao *Reichstag* em 30 de janeiro de 1939, no qual falou sobre a aniquilação da raça judaica em caso de guerra, Hitler também mencionou uma alternativa: "o mundo tem espaço suficiente para colonização".

Até 1939, a política nazista colocava sua fé na deportação e na emigração forçada, isto é, uma estratégia não genocida. Walter Gross, chefe da Agência de Política Racial do NSDAP, relata o que Hitler lhe dissera sobre os objetivos das Leis de Nuremberg, a saber, que elas tinham a intenção de limitar a influência judaica dentro da Alemanha e de separar

GUERRA E DESTRUIÇÃO 101

os judeus do restante da sociedade alemã. Elas também foram promulgadas porque era necessária uma "emigração mais vigorosa". Um tanto ironicamente, a emigração para a Palestina foi particularmente incentivada! Declarações do SD (Serviço de Segurança) em maio de 1934, outras de uma conferência no Ministério do Interior em setembro de 1936, e ainda mais outras dos diários de Goebbels em novembro de 1937, confirmam que a emigração total era a política desejada. Isso se tornou até mais claro depois da *Anschluss*, em 1938, quando 45.000 judeus foram expulsos da Áustria em seis meses, como aconteceu novamente depois da posterior ocupação da região dos Sudetos, na então Tchecoslováquia, quando se experimentaram tentativas enérgicas para expulsar os judeus da área recém-ocupada. Em 12 de novembro de 1938, Heydrich lembrou aos ouvintes que a prioridade da política do regime era mandar os judeus para fora da Alemanha. Menos de um mês depois (em 6 de dezembro), Göring, seguindo instruções de Hitler, mais uma vez, deu prioridade máxima à emigração; em 1939, representantes alemães participaram de reuniões do Comitê Intergovernamental para Refugiados, que se encontrou em Evian, e discutiram planos para a emigração dos judeus da Alemanha. Em 1939, 78.000 judeus foram expulsos da Alemanha e mais 30.000, da Boêmia e da Morávia. O organismo criado pelos nazistas, em 4 de julho de 1939, para representar a comunidade judaica alemã também tinha uma tarefa acima de todas as outras: facilitar a emigração. Mais significativo de tudo: a emigração judaica não foi proibida pelos nazistas até outubro de 1941.

Esta estratégia de emigração forçada provou-se sem sucesso quando países como a Suíça, os Estados Unidos e a Grã-Bretanha começaram a limitar o número de refugiados que estavam preparados a aceitar. Também foi soterrada, como vimos, pelo aumento maciço do número de judeus no Reich expandido depois da *Anschluss*, da anexação da então Tchecoslováquia e da conquista da Polônia. Contudo, a ocupação da Polônia abriu espaço para possibilidades novas e até mais terríveis. A Europa Oriental deveria ser reestruturada de acordo com critérios raciais. Isso envolvia a colonização de algumas áreas na Polônia por alemães étnicos, o desenraizamento de poloneses para outras áreas do país, o transporte dos judeus poloneses para guetos em cidades específicas na Polônia Oriental e finalmente a sua realocação em uma grande reserva ao sul de Lublin. Entre dezembro de 1939 e fevereiro de 1940, 600.000

judeus poloneses foram transferidos para essa área em caminhões de transporte de gado. A grande magnitude dos números envolvidos, entretanto, logo tornou claro que a estratégia podia não ser bem-sucedida, especialmente à medida que as políticas de germanização levaram os poloneses para áreas previamente alocadas para judeus e à medida que Franck, o chefe do governo geral, reclamava que a sua administração não podia mais sustentar todos os recém-chegados, além dos 1,4 milhões de judeus que já estavam sob a sua jurisdição. A política das deportações teve de ser temporariamente suspensa. Ao mesmo tempo, os judeus na Polônia foram proibidos de mudar de residência, sujeitos a toque de recolher, obrigados a executar serviços de trabalho, forçados a usar uma estrela amarela em suas roupas e isolados nos guetos.

Mesmo quando o plano para a reserva de Lublin não deu em nada, no entanto, seções do SD trabalhavam com o "Plano Madagascar", um projeto para deportar os judeus para esta ilha no Oceano Índico! Tal plano, uma clara indicação de que a "Solução Final" não era a única possibilidade, fora discutido como uma alternativa à emigração, até mesmo antes de 1940 e da derrota da França. Na realidade, ele fora primeiro sugerido pelo antissemita Paul de Lagarde e era popular entre os círculos de extrema direita, na Alemanha, durante os anos 1920. Heydrich mostrara interesse em um projeto Madagascar, em 1938, e Himmler é conhecido por ter sido um entusiasta. A ideia era transportar quatro milhões de judeus da Europa Ocidental para a ilha, deixando os judeus da Europa Oriental na Polônia, como um meio de intimidação à intervenção americana na guerra. Com a derrota da França, esse plano pareceu, por um curto período, realista, e foi levado bem a sério por Heydrich e alguns de seus associados. Franck até instruiu o seu *staff* para abandonar qualquer plano de mais guetos na Polônia justamente por causa dos planos antecipados por Hitler de mandar judeus para Madagascar depois da guerra! Deve ser lembrado que a França derrotada possuía a Argélia, o Marrocos e a Tunísia nessa época. E mais: sérias discussões estavam acontecendo na Chancelaria do Reich à época acerca da possibilidade de um Império Centro-Africano Alemão. No verão de 1940, os nomes dos possíveis governadores de um futuro leste africano alemão foram mencionados. Parece, pelo menos de acordo com Götz Aly, que Heydrich, na ocasião, preferia a "solução" Madagascar ao "extermínio biológico", que acreditava ser um curso de ação por demais indigno para os civilizados alemães. Naturalmente, esse plano não apenas necessitaria da cooperação da França de Vichy, mas também da derrota do poder marítimo inimigo. O fato de a Grã-Bretanha permanecer invicta deu um fim ao projeto.

Nas primeiras e eufóricas semanas de guerra contra a União Soviética, a deportação de judeus para algum lugar a leste dos Urais ainda estava sendo cogitada; mas a lógica de uma guerra de "extermínio", a barbaridade do esforço militar alemão (aproximadamente 3 milhões de prisioneiros de guerra russos foram fuzilados), as crescentes dificuldades logísticas e a diminuição no avanço das forças alemãs, que encontravam cada vez mais judeus sob o seu controle, levou irreversivelmente a uma escalada maciça dos assassinatos. Neste processo, não era apenas a SS, os nazistas e os *Einsatzgruppen* que desempenhavam algum papel, mas também o próprio exército. Contudo, sem dúvida nenhuma, nada disso teria sido possível sem o antissemitismo e o antibolchevismo obsessivos do *Führer* em pessoa.

O desenrolar e a escala do morticínio na União Soviética variavam, inicialmente, de uma área para outra, o que sugere não haver nenhum projeto uniforme de aniquilação nesse estágio. Entretanto, embora as ordens de Heydrich para matar referissem-se especificamente aos judeus a serviço do Estado russo, os *Einsatzgruppen* frequentemente executavam todos os homens judeus e, em alguns casos, as mulheres judias e as crianças que encontravam. A mudança para uma grande chacina aconteceu mais rapidamente em algumas áreas do que em outras. Em muitos casos, como na Lituânia, os assassinatos contavam com a ajuda de residentes locais com uma forte tradição antissemita. Até o inverno de 1941-42, cerca de 500.000 judeus foram executados. Ao mesmo tempo, com a crescente resistência russa, a ideia de reassentamento além dos Urais deixou de ser exequível, enquanto cada vez mais judeus eram enviados à força para os guetos e a pressão sobre os recursos alemães tornava-se cada vez maior. Localmente, os líderes da SS iniciaram o assassinato em massa de judeus. Posteriormente, as câmaras de gás dos campos de extermínio tornaram-se o instrumento de tal genocídio, que ficou conhecido como a "Solução Final".

O ponto a partir do qual Hitler ou outros elementos da liderança nazista decidiram iniciar a tentativa de extermínio de *todos* os judeus não está claro. Já dei as minhas razões para rejeitar o ponto de vista de que isso tenha sido sempre a intenção de Hitler e do seu regime. Todavia, também é verdade que o morticínio mecanizado dos campos de extermínio, diferentemente das primeiras execuções durante a campanha russa, devem ter sido o resultado de uma decisão política. Não podia ter sido "improvisado". Deste modo, até mesmo aqueles como Martin Broszat e Hans Mommsen, que veem a evolução da política antissemita como dirigida pela deterioração das circunstâncias e pela radicalização cumulativa, em vez de uma política centralizada, reconhecem que alguma espécie de decisão central foi necessária para a "Solução Final". O mesmo acontece com Saul Friedländer em sua sutil descrição da interação entre intenção e reação às circunstâncias, no desdobramento das ideias de Hitler a respeito de uma "solução" para o "problema" judeu. Saber quando a decisão do extermínio foi tomada é fonte de um acalorado debate. Para Richard Breitmann, a decisão foi tomada antes da invasão da União Soviética, em abril de 1941. A maioria dos historiadores prefere alguma data posterior. Christopher Browning acredita que as vitórias iniciais sobre as forças soviéticas possibilitaram aos nazistas fazer o que antes fora impensável. Dessa forma, a decisão fatídica foi tomada no verão de 1941, em meio à euforia da vitória. O historiador suíço Philippe Burrin, por outro lado, vê a decisão como uma consequência da desaceleração do avanço e das crescentes dificuldades alemãs e a empurra para alguma data posterior em 1941. A pesquisa mais recente de Götz Aly sobre a política de reassentamento nazista e as descobertas de Christian Gerlach, no entanto, agora sugerem – e com grande plausibilidade – que a decisão não foi tomada antes de meados de dezembro de 1941. Essa conclusão é alcançada tendo por base entradas no diário de Goebbels datadas de 12 de dezembro de 1941 e no diário oficial de Himmler (*Dienstkalendar*) datadas de 18 de dezembro de 1941. Isso explicaria por que a data da Conferência de Wannsee teve de ser adiada e sua agenda, alterada – de acelerar as deportações para a "Solução Final" – para atender a nova política. Neste momento as coisas estavam dando muito erradas na Rússia, com a ascensão de uma guerra de resistência. Ao mesmo tempo, a entrada dos Estados Unidos na guerra removeu a última razão para contenção, e a política de reassentamento entrara em colapso. Em 5 de dezembro, o exército alemão fora contido às portas de Moscou e as temperaturas no *front* russo caíram dramaticamente. Zhukov aparecera em cena com cem divisões, a respeito das quais os alemães não tiveram nenhum conhecimento antecipado. Dentro do próprio Reich, Colônia sofrera um bombardeio pesado, em 7 de dezembro, assim como Aachen, no dia subsequente. Nessas circunstâncias, a solução para o "problema judeu" entrou em sua fase final de barbárie. Agora, se o Holocausto nazista foi simplesmente pré-programado, a partir das crenças antissemitas de Hitler, ou se foi consequência de um processo mais complexo de "radicalização cumulativa", incentivado por diversas agências diferentes e não apenas pelo *Führer*, de qualquer maneira, o seu inquestionável resultado foi o extermínio de milhões de judeus.

Isso levanta uma questão adicional: até que ponto a política nazista em relação aos judeus era uma consequência do antissemitismo da população? Até que ponto era o que "o povo alemão" queria? Para Daniel Goldhagen a resposta é simples: os "alemães" favoreceram o Holocausto; e foi por isso que ele aconteceu. Ele retrata a história alemã como "anormal" por seu antissemitismo eliminacionista e cita exemplos de ódio antijudaico que se estendem ao longo dos séculos. Ao procurar explicar como milhões de judeus puderam ser executados a sangue-frio por "alemães comuns", que integravam as forças policiais, ele encontra a sua resposta na ampla aceitação de pontos de vista homicidas antissemitas. Ora, não pode haver nenhuma dúvida de que amplos setores da sociedade alemã possuíam alguma história de antissemitismo. James Retallack identificou um amplo antissemitismo conservador em Baden e na Saxônia em meados do século XIX, ao passo que Olaf Blaschke tem analisado o crescimento do antissemitismo nas áreas rurais católicas. Em ambos os casos, a questão do crédito rural e um discurso a respeito da usura judia desempenharam um relevante papel. Partidos políticos antissemitas ganharam a proeminência nas décadas de 1880 e de 1890. Embora tenham declinado depois de 1900, o antissemitismo estivera profundamente enraizado em várias organizações conservadoras, como a Liga Agrária (*Bund der Landwirte*) e a Liga Pangermânica, antes da Primeira Guerra Mundial, e no DNVP depois disso. De fato, os nacionalistas no primeiro gabinete de Hitler desempenharam um papel importante na elaboração das leis antissemitas. A Igreja Evangélica (Protestante) adotou o discriminatório "Parágrafo Ariano"; e, apesar de a Igreja Confessional de Dietrich Bonhoeffer ter feito tudo o que podia para proteger os judeus convertidos ao cristianismo, pouco fez pelos judeus que não se converteram. Nenhuma igreja denunciou abertamente a política antissemita. O professorado alemão conspirou para livrar a sua profissão de judeus; os estudantes universitários foram ainda mais cruéis em sua hostilidade, abraçando muito amplamente a posição nazista. A Igreja Católica alemã, em geral, aderiu ao que Saul Friedländer descreve como "antissemitismo moderado", desejando remover a "influência judaica indevida" das vidas social e cultural. Há evidências adicionais de que as Leis de Nuremberg foram muito bem acolhidas em 1935.

No entanto, embora a evidência de um antissemitismo bastante generalizado seja indiscutível, isso *não* justifica a conclusão de Goldhagen de que o Holocausto era o que a maioria dos alemães queria e que isso tornava os alemães de algum modo "anormais". Primeiro, uma grande quantidade de não alemães estiveram envolvidos no extermínio dos judeus europeus: letões, lituanos, ucranianos e romenos. Segundo, o antissemitismo dos *pogroms* era mais comum na Europa Oriental do que na Central, por motivos que foram discutidos no primeiro capítulo. O centro do antissemitismo estava na Polônia, Romênia e nas partes ocidentais da Rússia. Ao final da Primeira Guerra Mundial, 250.000 judeus foram massacrados por ucranianos, russos e poloneses. Terceiro, a crueldade do nazismo se estendia não apenas em direção aos judeus, mas também em relação aos ciganos e aos eslavos, em geral, e em relação àqueles alemães que eram vistos como "doentios" ou "estranhos". Aproximadamente três milhões de prisioneiros de guerra russos foram executados pelo exército alemão. Plausivelmente, portanto, o genocídio não foi marcado apenas ou até mesmo necessariamente por alguma forma específica de antissemitismo, mas também por condições mais universais de desumanidade. Quarto, Goldhagen simplesmente ignora uma boa quantidade de evidências que não se encaixam em seu esquema. Christopher Browning tem demonstrado como "alemães comuns" podiam matar judeus por motivos que tinham pouco a ver com o antissemitismo ideológico (pressão dos pares, solidariedade de grupo, cumprimento de ordens); sobretudo, Browning é capaz de chegar a essa conclusão usando grande parte do mesmo material usado por Goldhagen. É difícil explicar por que os nazistas estavam tão preocupados em manter a "Solução Final" em segredo, caso o povo alemão realmente quisesse o Holocausto. Igualmente, recorrer às câmaras de gás para reduzir o impacto da chacina sobre os seus perpetradores faria pouco sentido se as afirmações de Goldhagen fossem verdadeiras. Na verdade, a comunidade judaica alemã era relativamente bem integrada à sociedade alemã antes de 1914, e o casamento com cristãos estava longe de ser incomum. O maior partido no Reich, nesse momento, o SPD, não era antissemita. O seu líder, August Bebel, caracterizava o antissemitismo como o "socialismo dos tolos"; muitos dos líderes do partido eram judeus; e quando um destes, Paul Singer, morreu, um milhão de trabalhadores alemães compareceram ao seu funeral. O boicote às lojas judias, em 1933, não foi popular, como Goebbels pôde notar. As injunções nazistas de não se comercializar com judeus foram ignoradas pela maioria dos camponeses em meados dos anos 1930, e por muitas pessoas nas pequenas cidades no final da mesma década. O interesse econômico claramente superou o preconceito nesse caso. A violência aberta contra os judeus frequentemente produzia uma reação desfavorável; uma das razões por que as Leis de Nuremberg foram populares era que foram vistas pondo um fim às medidas contra os judeus, em vez de serem vistas como um prólogo para o genocídio. O que isso significa, portanto, não é que os alemães não fossem antissemitas, mas que devemos tomar cuidado com as generalizações a esse respeito. Ademais, o antissemitismo popular não era nem uma das principais preocupações da maioria dos alemães, nem era um antissemitismo eliminacionista, a não ser no caso dos nazistas radicais e de uma pequena minoria. Goldhagen tende a colocar juntas todas as formas de antissemitismo e a assumir, em vez de provar, o desejo delas de exterminar os judeus. De qualquer forma, mesmo que o Holocausto fosse "popular" – e já vimos o suficiente para saber que tal afirmação é injustificada –, isso ainda não explicaria a "Solução Final", visto que já vimos a maneira tortuosa pela qual essa política foi finalmente decidida.

Há claramente uma relação íntima entre a guerra no leste e a "Solução Final". Para Hitler, a guerra – e em particular a guerra contra a Rússia – não era nada menos do que uma cruzada: uma cruzada contra as restrições de Versalhes, contra o marxismo e contra os judeus, que, acreditava ele, controlavam a Rússia e o marxismo internacional. Contudo, o desenvolvimento da política externa alemã entre 1937 e 1941 não foi simplesmente a consequência de objetivos ideológicos de longo prazo e envolveu a exploração oportunista de crises não necessariamente criadas por Hitler. Em 5 de novembro de 1937, Hitler dirigiu-se aos líderes militares alemães no contexto de dificuldades econômicas crescentes (a marinha, por exemplo, estava enfrentando uma aguda escassez de matérias-primas) e um medo de que qualquer vantagem militar que o país desfrutasse no momento pudesse desaparecer rapidamente. Hitler declarou que uma guerra por espaço vital não podia esperar mais do que até 1940 e que devia começar com a Áustria e a então Tchecoslováquia. No entanto, qualquer oportunidade que se apresentasse antes dessa data poderia ser explorada para se atender aos objetivos desejados. Assim, a *Anschluss* com a Áustria foi desencadeada quando o chanceler austríaco Schussnigg inesperadamente convocou um plebiscito acerca da questão da unificação com o Reich de Hitler e, posteriormente, quando, em resposta, a marcha dos alemães até Linz foi acolhida com enorme entusiasmo pelos habitantes locais. Igualmente, o momento preciso da invasão da então Tchecoslováquia foi uma resposta à mobilização tcheca em maio de 1938, e a invasão da Polônia seguiu-se à recusa britânica em aceitar as iniciativas diplomáticas alemãs. Que Hitler agisse de maneira oportunista e que outros estivessem envolvidos na escalada dessas várias crises é indiscutível. Também é verdade que as pressões militares e econômicas desempenharam um papel adicional às demandas ideológicas. Porém, isso não justifica a conclusão de que Hitler não tivesse objetivos expansionistas de longo prazo: ele os tinha, certamente, e é precisamente por isso que usou as oportunidades da forma que usou, para expandir em direção ao leste. De fato, toda extensão do *front* durante a Segunda Guerra Mundial (fora da área do Pacífico) foi o resultado de iniciativa nazista (na Polônia, na Holanda, na França, na Noruega e na Rússia), exceto no caso da Grécia e da Albânia, onde, cientes da ameaça potencial aos campos de petróleo romenos, a Alemanha teve de ajudar Mussolini a sair de suas dificuldades militares. Já em 31 de julho de 1940, Hitler estava planejando a destruição da Rússia em uma campanha que não deveria durar mais do que cinco semanas. Mais uma vez, uma grande parte da motivação era diplomática (o desejo de levar à rendição da Grã-Bretanha), militar (temor da expansão militar soviética) e econômica (o medo de que tal expansão pudesse incluir os campos de petróleo romenos), ainda que desafie a credulidade o argumento forçado de que a invasão da União Soviética tenha sido uma "reação antecipada" para prevenir um provável ataque soviético. Novamente, podemos ver que a Segunda Guerra Mundial não foi simplesmente uma consequência das obsessões ideológicas de Hitler, embora também tenha sido resultado delas, indubitavelmente. Uma vez tendo começado, a cruzada antijudaica e antibolchevique desencadearam as terríveis consequências dessas obsessões.

A invasão da União Soviética em 1941 baseava-se em uma visão grosseiramente errônea dos recursos e da capacidade militar russos. Levou, com certeza, à derrota, não apenas das forças armadas alemãs, mas de tudo aquilo que Hitler e o seu regime assassino representavam. El Alamein e Stalingrado significaram o início do fim; e Hitler não podia mais se livrar da acusação de que a maior responsabilidade pelo desastre era dele. Sob tal pressão, a saúde de Hitler deteriorou-se e junto com essa deterioração vieram ansiedade nervosa e depressão crescentes. Ele passou a gastar mais e mais tempo ensimesmado e foi, pouco a pouco, perdendo o contato com a realidade, na medida em que não visitava mais o *front* nem o seu público alemão. A doença física e a depressão mental tornaram-se ainda mais sérias no rescaldo do atentado à bomba de julho de 1944; as poucas pessoas que ainda tinham acesso ao *Führer* referiam-se a alguém que envelhecera dramaticamente nos últimos anos da guerra. O resultado foi que, embora a autoridade pessoal de Hitler nunca tenha sido posta a prova por alguma outra pessoa do regime, era uma autoridade exercida de uma maneira mais e mais arbitrária e infrequente: ficou cada vez mais difícil obter dele uma decisão, à medida que o Reich desmoronava. Quando Hitler intervinha em assuntos militares, por outro lado, os benefícios eram, na melhor das hipóteses, um tanto duvidosos. Ele não era um ignorante, no que diz respeito a guerra, e tinha boa memória para detalhes. Contudo, confiava demais na sua própria experiência como um soldado de infantaria durante a Primeira Guerra Mundial, e ignorou a necessidade de tanques leves e rápidos, em vez de tanques pesados e fortemente armados, para combater os russos. A sua preferência por armas ofensivas, em vez de defensivas, também o levou a grandes gastos com os foguetes V1 e V2 e a uma incapacidade para desenvolver foguetes de defesa que pudessem ter sido posicionados contra os bombardeios dos Aliados, que destruíram muitas das principais cidades da Alemanha. Nesse caso, a concentração de poder nas mãos de Hitler era claramente disfuncional para o esforço de guerra. Todavia, quando sobreveio o desastre, não foi mera consequência de uma série de decisões militares e individuais equivocadas: estava implícito no programa nazista de expansão militar e de Estado racial, desde o início. A Alemanha simplesmente não possuía os recursos para supremacia geopolítica (um pon-

110   HITLER E O NAZISMO

to que ficou ainda mais claro depois da entrada dos Estados Unidos na guerra em dezembro de 1941).

Cercado por ruínas, mais e mais volátil em seus humores e determinado a que nenhuma parte da *sua* Alemanha deveria sobreviver a ele próprio (ordenara uma política de terra arrasada face aos avanços Aliados), Hitler cometeu suicídio no *bunker* da Chancelaria do Reich, em Berlim, no dia 30 de abril de 1945. Poucos dias depois o Terceiro Reich capitulava e deixava de existir.

Conclusão

É perigoso ver no colapso da República de Weimar e na ascensão de Hitler algum tipo de peculiaridade alemã. Democracias entraram em colapso por toda a Europa no entreguerras (e, na realidade, muitas têm entrado desde então). Ademais, os movimentos fascistas encontraram um apoio relativamente forte não apenas na Itália e na Alemanha, mas também na Romênia e na Hungria, e tais movimentos também eram encontrados na maioria dos outros países europeus. Além disso, os pontos de vista de Hitler, tristemente, estavam longe de serem únicos; muito pelo contrário, espelhavam os de muitos dos seus contemporâneos na Europa Centro-oriental, onde ressentimentos étnicos ardiam, lentamente. A força da identidade e do ódio étnico tem se tornado mais uma vez evidente demais em algumas partes do leste europeu, desde 1989, especialmente na antiga Iugoslávia e em partes do que foi a antiga União Soviética. Porém, a capacidade de Hitler de mobilizar o apoio popular no período final da República de Weimar, ainda que tenha falhado em obter uma maioria de eleitores antes de 1933, não foi simplesmente uma consequência de um mal-estar generalizado europeu. Foi, também, o resultado de problemas especificamente alemães e, em particular, da ausência de um consenso democrático e das múltiplas dificuldades enfrentadas pela nova República (descritas no Capítulo 2). Mesmo nesse caso, no entanto, a evidência sugere que os eleitores foram influenciados menos por preconceitos irracionais e mais pelos seus interesses e dificuldades materiais imediatos. Sem dúvida, muitos dos problemas da República de

Weimar assemelhavam-se àqueles de outros Estados de Bem-Estar Social em períodos de crises econômicas. A proeminência da sobrevivência econômica diária também explica, como tentei mostrar no Capítulo 2, por que a República de Weimar entrou em colapso naquele momento, isto é, durante a depressão de 1929-1933, e não durante os anos inflacionários anteriores, que não foram um desastre absoluto para muitos. A dinâmica do movimento nazista, populista e não identificado com o sistema, foi, então, capaz de colaborar com outros grupos de direita para levar Hitler ao poder. Se os políticos conservadores mais velhos, os oficiais do exército e até mesmo o próprio eleitorado nazista tinham alguma pista do que realmente resultaria da tomada de poder de Hitler é mais do que duvidoso, especialmente quando os primeiros pensavam que conseguiriam controlar o *Führer*, ao passo que o comportamento eleitoral dos últimos tinha pouco a ver com guerra ou antissemitismo.

Este último ponto, certamente, levanta uma questão moral e histórica importante, a saber: como a população de um país supostamente civilizado pôde se ver envolvida no terrível barbarismo do Estado alemão, que assassinou não apenas os seus inimigos políticos, mas categorias inteiras de "desajustados" e "estrangeiros", incluindo ciganos e judeus? Parte da resposta reside na natureza terrorista do Terceiro Reich, descrita no Capítulo 3, parte na privatização e na retirada dos indivíduos da arena pública, engendrada pela destruição dos mecanismos públicos de protestos e de solidariedade coletiva. Contudo, o mais assustador: muito do que os nazistas fizeram apoiava-se em preconceitos relativamente comuns e mundanos (o que Detlev Peukert escolhe chamar de "patologia do moderno"): um ódio aos "estrangeiros", às pessoas que não se encaixam, como vagabundos, ciganos, homossexuais e comunistas. Apoiava-se também na disposição de alguns alemães de denunciar seus vizinhos, apesar de tais denúncias serem raramente motivadas por convicção ideológica. Dessa forma, apesar de nunca ter conseguido fazer uma lavagem cerebral em toda uma população, o regime nazista foi capaz de contar com o apoio de muitos alemães, inclusive no que diz respeito a um bom número de suas políticas, especialmente quando estas apelavam para crenças e atitudes de longa data, como nos casos do nacionalismo, do antissocialismo e dos tradicionais valores familiares. Alguns indivíduos, contra todas as expectativas e correndo risco de tortura ou morte, resistiram. De fato, muitos fizeram isso, muito mais do que se imagina. É a eles que este pequeno volume é dedicado.

Referências bibliográficas

Abel, T. *The nazi movement*. Nova York, 1966.

Abraham, D. *The collapse of the Weimar Republic*, 2ª ed. Nova York, 1986.

Abrams, L. e Harvey, E. *Gender relations in German History*. Londres, 1996.

Allen, W.S. *The nazi seizure of power*. Londres, 1966.

Aly, G. et al. *Cleansing the fatherland*. Baltimore, 1994.

Aly, G. *The final solution*. Londres, 1999.

Arent, H. *The origins of totalitarianism*. Londres, 1958.

Aycoberry, P. *The nazi question*. Londres, 1981.

Baird, J.W. *The mythical world of nazi propaganda*. Oxford, 1975.

Balderston, T. *The origins and course of the German economic crisis*. Berlim, 1993.

Baldwin, P. (ed.). *Reworking the past: Hitler, the holocaust and the historians*. Boston, 1990.

Bankier, D. *The Germans and the final solution*. Oxford, 1992.

Baranowski, S. *The sanctity of rural life*. New Haven, 1995.

Barkai, A. *Nazi economics*. Oxford, 1990.

Barnett, V. *For the soul of the people*. Londres, 1992.

Bartov, O. *The eastern front*. Londres, 1988.

—— *Hitler's army*. Oxford, 1991.

—— *Murder in our midst*. Nova York, 1996.

Bauer, Y. *The holocaust in historical perspective*. Londres, 1978.

Bauer, Z. *The holocaust and modernity*. Nova York, 1992.

Baynes, N.H. (ed.). *The speeches of Adolf Hitler*. Oxford, 1942.

Beetham, D. *Marxists in the face of fascism*. Manchester, 1983.

Berg, D.R. *The old Prussian church and the Weimar Republic*. Londres, 1983.

Berger, D.L. *Twisted cross. The German christian movement*. Chapel Hill, N.C., 1996.

Bessel, R. *Political violence and the rise of nazism*. Londres, 1981.

—— (ed.). *Daily life in the Third Reich*. Oxford, 1987.

—— *Germany after the First World War*. Cambridge, 1993.

114 HITLER E O NAZISMO

—— (ed.). *Fascist Italy and nazi Germany*. Cambridge, 1996.

—— and E.J. Feuchtwanger (eds). *Social change and political development in the Weimar Republic*. Londres, 1981.

Beyerchen, A.D. *Scientists under Hitler*. New Haven, 1977.

Binion, R. *Hitler among the Germans*. Oxford, 1976.

Bock, G. and Thane, P. *Maternity and gender politics*. Londres, 1990.

Bookbinder, P. *Weimar Germany*. Londres, 1996.

Bracher, K.D. *The German dictatorship*. Londres, 1973.

Bramsted, E.K. *Goebbels and National Socialist propaganda*. Michigan, 1965.

Breitmann, R. *The architect of genocide: Heinrich Himmler*. Nova York, 1991.

Bridenthal, R. et al. (eds). *When biology became destiny*. Nova York, 1984.

—— and Koonz, C. (eds). *Becoming visible*. Londres, 1977.

Broszat, M. *The Hitler State*. Londres, 1981.

—— *Hitler and the collapse of Weimar Germany*. Leamington Spa, 1987a.

—— "Hitler and the genesis of the final solution". In: H.W. Koch (ed.). *Aspects of the Third Reich*. Londres, 1987b.

Browder, C. *Hitler's enforcers*. Oxford, 1997.

Browning, C.R. *The final solution and the German foreign office*. Nova York, 1978.

—— *Fateful months*. Nova York, 1987.

—— (ed.). *The path to genocide*. Cambridge, 1992.

—— *Ordinary men*. Londres, 1992.

Brustein, W. *The logic of evil*. New Haven, 1998.

Buchheim, H., Broszat, M., Jacobson, H.A. e Krausnick, H. *Anatomy of the SS State*. Londres, 1968.

Bullock, A. *Hitler*. Londres, 1952.

—— *Parallel lives. Hitler and Stalin*. Londres, 1991.

Burleigh, M. and Wipperman, W. *The racial State*. Cambridge, 1993.

—— *Death and deliverance. 'Euthanasia in Germany'*. Cambridge, 1994.

—— *Ethics and extermination*. Cambridge, 1999.

—— (eds). *Confronting the nazi past*. Londres, 1996.

Burrin, P. *Hitler and the jews*. Londres, 1994.

Caplan, J. *Government without administration*. Oxford, 1988.

Carr, W. *Arms, autarky and aggression*, 2ª ed. Londres, 1979.

—— *Hitler. A study in personality and politics*, 2ª ed. Londres, 1986.

Carroll, B. *Total War*. The Hague, 1963.

Carsten, F.L. *The reichswehr and politics*. Oxford, 1966.

—— *The rise of fascism*. Londres, 1967.

Cecil, R. *The myth of the master race*. Londres, 1972.

Cesarini, D. (ed.). *The final solution*. Londres, 1994.

Childers, T. *The nazi voter*. Chapel Hill, N.C., 1983.

—— (ed.). *The formation of the nazi constituency*. Londres, 1986.

—— and Kaplan, J. *Reevaluating the Third Reich*. Nova York, 1993.

Cohn, N. *Warrant for genocide*. Londres, 1970.

Conway, J. *The nazi persecution of the churches*. Londres, 1978.

Cooper, M. *The German army, 1933-45*. Londres, 1978.

Corni, G. *Hitler and the peasants*. Oxford, 1990.

Crew, D. (ed.). *Nazism and German society*. Londres, 1994.

Crew, D. *Germans on Welfare*. Oxford, 1998.

Dahrendorf, R. *Society and democracy in Germany*. Londres, 1966.

Davidson, E. *The making of Hitler*. Londres, 1977.

Dawidowicz, L.S. *The war against the jews*. Nova York, 1975.

Deist, W. *The wehrmacht and German rearmament*. Londres, 1981.

Deutscher, H.C. *Hitler and his Germans*. Minnesota, 1974.

Diehl, J.M. *Paramilitary politics in the Weimar Republic*. Bloomington, 1977.

Dorpalen, A. *Hindenburg and the Weimar Republic*. Londres, 1974.

Dullfer, J. *Nazi Germany*. Londres, 1996.

Eley, G. "What produces fascism?". In: *Politics and society*, 12, 1983, p. 57-82.

—— *From unification to nazism*. Londres, 1986.

Erikson, R.P. "Theologians in the Third Reich". In: *Journal of contemporary history*, 12, 1977, p. 595-615.

Eschenburg, T. (ed.). *The road to dictatorship*. Londres, 1970.

Evans, R.J. *In Hitler's shadow*. Londres, 1989.

—— and D. Geary. *The German unemployed*. Londres, 1987.

Farquharson, J.G. *The plough and the swastika*. Londres, 1976.

Fest, J. *The face of the Third Reich*. Londres, 1972.

—— *Hitler*. Londres, 1974.

—— *Plotting Hitler's death*. Londres, 1996.

Fischer, C. *Stormtroopers*. Londres, 1983.

—— *The rise of the nazis*. Manchester, 1995.

—— *Weimar, the working classes and the rise of National Socialism*. Oxford, 1996.

Fischer, K.P. *Nazi Germany*. Londres, 1995.

Fleming, G. *Hitler and the final solution*. Oxford, 1986.

Fox, J.P. "Adolf Hitler. The debate continues". In: *International affairs*, 55, 1979, p. 252-65.

Frei, N. *National Socialist rule in Germany*. Oxford, 1993.

Friedlander, H. *The origins of nazi genocide*. Chapel Hill, N.C., 1995.

Friedländer, S. *Probing the limits of representation*. Cambridge, Mass., 1992.

—— *Nazi Germany and the jews*, vol. 1, *The years of persecution*. Londres, 1998.

Fritzsche, P. *Germans into nazis*. Nova York, 1990.

Geary, D. "The failure of German labour in the Weimar Republic". In: M. Dobkowski e I. Wallimann (eds.). *Towards the holocaust*. Westport, Conn., 1983a, p. 177-96.

—— "The industrial elite and the nazis". In: P.D. Stachura (ed.). *The nazi machtergreifung*. Londres, 1983b, p. 85-100.

—— "Nazis and workers". In: *European studies review*, xv (4), 1985, p. 453-64.

—— "Employers, workers and the collapse of the Weimar Republic". In: I. Kershaw (ed.). *Weimar: The failure of German democracy*. Londres, 1990, p. 92-119.

116 HITLER E O NAZISMO

Gellately, R. *The Gestapo and German society*. Oxford, 1990.

Giles, G.J. *Students and National Socialism*. Princeton, 1985.

Gillingham, J.R. *Industry and politics in the Third Reich*. Londres, 1985.

Goldhagen, D.J. *Hitler's willing executioners*. Nova York, 1996.

Gordon, H.J. *The reichswehr and the German republic*. Princeton, 1957.

—— *Hitler and the beer hall putsch*. Princeton, 1972.

Gordon, S. *Hitler, Germans and the 'jewish question'*. Princeton, 1984.

Gregor, N. *Daimler-Benz in the Third Reich*. New Haven, 1998.

Griffin, R. (ed.). *International fascism*. Londres, 1998.

Grill, J.P.H. *The nazi party in Baden*. Chapel Hill, 1983.

Grunberger, R. *Social history of the Third Reich*. Londres, 1971.

Haffner, S. *The meaning of Hitler*. Londres, 1979.

Hale, O.J. *The captive press in the Third Reich*. Princeton, 1964.

Hamilton, P.H. *Who voted for Hitler?* Princeton, 1982.

Harvey, E. *Youth and the Welfare State in Weimar Germany*. Oxford, 1993.

Hayes, P. *Industry and ideology*. Cambridge, 1987.

Heberle, R. *From democracy to nazism*. Nova York, 1970.

Heiber, H. *Goebbels*. Londres, 1973.

Helmrich, E.C. *The German churches under Hitler*. Detroit, 1979.

Herbert, U. *Hitler's foreign workers*. Cambridge, 1997.

Hiden, J. *Republican and fascist Germany*. Londres, 1996.

—— and Farquharson, J. *Explaining Hitler's Germany*. Londres, 1983.

Hilberg, R. *The destruction of the european jews*. Chicago, 1960.

—— *Perpetrators, victims, bystanders*. Nova York, 1992.

Hildebrand, K. *The Third Reich*. Londres, 1968.

—— *The foreign policy of the Third Reich*. Londres, 1973.

Hirschfeld, G. (ed.). *The politics of genocide*. Londres, 1986.

—— and Kettenacker, L. (eds). *The Führer State*. Stuttgart, 1981.

Hitler, A. *Table talk*. Londres, 1953.

—— *Mein Kampf*, ed. D.C. Watt. Londres, 1960.

Hoffmann, H. *The triumph of propaganda*. Oxford, 1996.

Hoffmann, P. *The German resistance*. Londres, 1974.

—— *History of the German resistance*. Londres, 1997.

Höhne, H. *The order of the death's head*. Londres, 1972.

Holborn, H. (ed.). *Republic to Reich*. Stuttgart, 1981.

Hood, C.B. Hitler. *The path to power*. Londres, 1989.

Housden, M. *Resistance and conformity in the Third Reich*. Londres, 1996.

Hunt, R.N. *German social democracy, 1918-1933*. Princeton, 1966.

Irving, D. *Hitler's War*. Londres, 1977.

Jablowsky, D. *The Nazi Party in dissolution*. Londres, 1989.

Jäckel, E. *Hitler's weltanschauung*. Middleton, Conn., 1972.

—— *Hitler in History*. Londres, 1978.

James, H. *The German slump*. Oxford, 1986.

REFERÊNCIAS BIBLIOGRÁFICAS 117

Jenks, W.A. *Vienna and the young Hitler*. Nova York, 1960.

Jones, L.E. "The dying middle". In: *Central European History*, 5, 1972, p. 23-54.

—— "Crisis and realignment in the late Weimar Republic". In: R. Moeller (ed.). *Peasants and lords in modern Germany*. Londres, 1986.

—— and Retallack, J. *Between reform, reaction and resistance*. Londres, 1989.

—— and Retallack, J. *Elections, mass politics and social change in Germany*. Londres, 1993.

Kater, M. *The nazi party*. Oxford, 1983.

—— *Doctors under Hitler*. Nova York, 1989.

—— *Different drummers. Jazz in the Third Reich*. Nova York, 1992.

—— *The twisted muse. Music in the Third Reich*. Nova York, 1998.

Kehe, H. e Langmaid, J. *The nazi era*. Londres, 1987.

Kele, M.H. *Nazis and workers*. Chapel Hill, 1972.

Kershaw, I. *Popular opinion and public dissent*. Oxford, 1983.

—— *The 'Hitler myth'*. Oxford, 1989a.

—— *The nazi dictatorship*, 2ª ed. Londres, 1989b.

—— *Hitler. Profile in power*. Londres, 1991.

—— *Hitler*, vol. 1, Hubris, 1889-1937. Londres, 1999.

—— *Hitler*, vol. 2, Nemesis, 1938-45. Londres, 2000.

—— (ed.). *Weimar: The failure of German democracy*. Londres, 1990.

—— e Lewin, M. *Stalinism and nazism*. Londres, 1997.

Kitchen, M. *Fascism*. Londres, 1970.

Klemperer, K. von. *The German resistance against Hitler*. Londres, 1992.

Koch, H.W. *The Hitler youth*. Londres, 1975.

—— (ed.). *Aspects of the Third Reich*. Londres, 1987.

Kolb, E. *The Weimar Republic*. Londres, 1986.

Koonz, C. *Mothers in the fatherland*. Londres, 1987.

Koshar, R. *Social life, politics and nazism*. Chapel Hill, 1986.

Kruedener, R. von (ed.). *Economic crisis and political collapse in the Weimar Republic*. Oxford, 1990.

Kuehl, S. *The nazi connection: Eugenics, American racism and National Socialism*. Princeton, 1994.

Laffan, M. (ed.). *The burden of German History*. Londres, 1988.

Landau, R. *The nazi holocaust*. Londres, 1992.

Langer, W. *The mind of Adolf Hitler*. Nova York, 1972.

Laqueur, W. *Fascism*, 2ª ed. Londres, 1979.

Larsen, U. et al. *Who were the Fascists?* Bergen, 1980.

Lebovics, H. *Social conservatism and the middle class in Germany*. Princeton, 1969.

Leopold, J.A. *Alfred Hugenberg*. New Haven, Conn., 1977.

Levi, E. *Music in the Third Reich*. Nova York, 1994.

Levy, R. S. *The downfall of the anti-semitic political parties in Imperial Germany*. New Haven, 1975.

Maier, C.S. *The unmasterable past*. Cambridge, Mass., 1988.

Marrus, M. "The history of the holocaust". In: *Journal of Modern History*, 59, 1987, p. 114ff.

—— *The holocaust in history*. Hanover, N.H., 1987.

Maser, W. *Hitler's Mein Kampf*. Londres, 1970.

—— *Hitler*. Londres, 1973.

Mason, A.W. "Labour in the Third Reich". In: *Past and Present 33*, 1966, p. 112ff.

—— "National socialism and the German working class 1925-33". In: *New German Critique*, 1, 1977, p. 2-32.

—— "Intention and explanation: A current controversy about the interpretation of National Socialism". In: G. Hirschfeld and L. Kettenacker (eds). *The Führer State*. Stuttgart, 1981, p. 23-42.

—— *Social policy in the Third Reich*. Oxford, 1992.

—— *Fascism, nazism and the working classes*. Oxford, 1993.

Mayer, A. J. *Why did the heavens not darken?* Nova York, 1988.

Meding, D. von. *Courageous hearts*. Oxford, 1997.

Merkl, J.P. *Political violence under the swastika*. Princeton, 1975.

—— *The making of a stormtrooper*. Princeton, 1980.

Merson, A. *Communist resistance in nazi Germany*. Londres, 1985.

Milward, A. *The German economy at war*. Londres, 1965.

Mommsen, H. "National Socialism: Continuity and change". In: W. Laqueur. *Fascism*, 2ª ed. Londres, 1979, p. 43-72.

—— "The realisation of the unthinkable". In: G. Hirschfeld (ed.). *The policies of genocide*. Londres, 1986.

—— *From Weimar to Auschwitz*. Oxford, 1991.

—— *The rise and fall of Weimar Germany*. Chapel Hill, N.C., 1998.

Mosse, G.L. *Nazi culture*. Londres, 1966a.

—— *The crisis of German ideology*. Londres, 1966b.

—— *The nationalisation of the masses*. Nova York, 1975.

—— *Nazism*. Oxford, 1979.

Mühlberger, D. "The sociology of the NSDAP". In: *Journal of Contemporary History*, 15, 1980, p. 493ff.

—— (ed.). *The social bases of European fascism*. Londres, 1987.

—— *Hitler's followers*. Londres, 1991.

Müller, K.-J. *Army, politics and society in Germany, 1933-1945*. Manchester, 1984.

Müller-Hill, B. *Murderous science*. Oxford, 1998.

Neumann, F. *Behemoth*. Oxford, 1944.

Nicholls, A. *Weimar and the rise of Hitler*, 2ª ed. Londres, 1989.

—— e E. Matthias. *German democracy and the triumph of Hitler*. Londres, 1971.

Niewyk, D.L. *The jews in Weimar Germany*. Londres, 1980.

—— *The holocaust*. Lexington, 1992.

Noakes, J. *The Nazi Party in lower saxony*. Oxford, 1971.

—— "Nazism and revolution". In: N. O'Sullivan (ed.). *Revolutionary theory and political reality*. Londres, 1983, p. 73-93.

—— "Nazism and eugenics". In: Bullen, R. J. et al. *Ideas into politics*. Londres, 1984.

—— *Government, party and people in nazi Germany*. Exeter, 1990.

—— and G. Pridham. *Nazism, a documentary reader*, 4 vols. Exeter, 1983-97.

Nolte, E. *Three faces of fascism*. Nova York, 1964.

O'Neill, R.J. *The German army and the Nazi Party*. Londres, 1966.

Orlow, D. *History of the Nazi Party*, 2 vols. Londres, 1971-3.

Overy, R. *The nazi economic recovery*. Londres, 1982.

—— *Goering. The 'Iron Man'*. Londres, 1984.

—— *War and economy in the Third Reich*. Oxford, 1994.

Owings, A. *Frauen*. Londres, 1995.

Peterson, E.N. *The limits of Hitler's power*. Princeton, 1969.

Peukert, D. *Inside nazi Germany*. Londres, 1987.

—— *The Weimar Republic*. Londres, 1991.

Picker, H. *The Hitler phenomenon*. Londres, 1974.

Pine, L. *Nazi family policy*. Oxford, 1997.

Poulantzas, N. *Fascism and dictatorship*. Londres, 1974.

Pridham, G. *Hitler's rise to power*. Londres, 1983.

Proctor, R.N. *Racial hygiene*. Cambridge, Mass., 1988.

Pulzer, D.G. *The rise of political anti-semitism in Germany and Austria*. Nova York, 1964.

Rauschning, H. *Hitler speaks*. Londres, 1989.

Reitlinger, G. *The final solution*. Londres, 1968.

Rempel, G. *Hitler's children*. Chapel Hill, 1998.

Renneberg, M. and Walter, M. (eds). *Science, technology and National Socialism*. Cambridge, 1994.

Rindoh, W. and Norling, B. *The nazi impact on a German village*. Lexington, 1995.

Rosenhaft, E. *Beating the fascists?* Cambridge, 1983.

Saunders, T. "The nazis and social revolution". In: Martel, G. (ed.). *Modern Germany reconsidered*. Londres, 1992.

Sax, B. and Kuntz, D. *Inside Hitler's Germany*. Lexington, 1992.

Schleunes, K.A. *The twisted road to Auschwitz*. Londres, 1970.

Schmidt, M. *Albert Speer*. Nova York, 1984.

Schmidt, U. *Medical research films, perpetrators and victims in National Socialist Germany*. Husum, 1999.

Schoenbaum, D. *Hitler's social revolution*. Londres, 1966.

Schramm, P.E. *Hitler. The man and military leader*. Londres, 1972.

Schweitzer, A. *Big business in the Third Reich*. Londres, 1964.

Shirer, W. *The rise and fall of the Third Reich*. Nova York, 1961.

Silverman, D.P. *Hitler's economy*. Londres, 1998.

Smelser, R. *Robert Ley*. Oxford, 1988.

Smith, B.F. *Adolf Hitler. His family, childhood and youth*. Stanford, 1967.

Smith, W.B. *The ideological origins of nazi imperialism*. Londres, 1989.

Sohn-Rethel, A. *Economic and class structure of German fascism*. Londres, 1970.

Speer, A. *Inside the Third Reich*. Londres, 1970.

Speier, H. *German white collar workers and the rise of Hitler.* New Haven, Conn., 1986.
Stachura, P.D. *Nazi youth and the Weimar Republic.* Santa Barbara, 1975.
—— *Gregor Strasser.* Londres, 1983.
—— *Unemployment and the great depression in Weimar Germany.* Londres, 1986.
—— (ed.). *The shaping of the Nazi State.* Londres, 1978.
—— *The nazi machtergreifung.* Londres, 1983.
—— *The Weimar Republic and the younger proletariat.* Londres, 1989.
Steinberg, J. *All or nothing: The axis and the holocaust.* Londres, 1990.
Steinberg, M.S. *Brownshirts.* Chicago, 1977.
Stephenson, J. *Women in nazi society.* Londres, 1976.
—— *The nazi organization of women.* Londres, 1981.
Stern, F.R. *The politics of cultural despair.* Berkeley, 1961.
Stern, J.P. *Hitler.* Londres, 1974.
Stierlein, H. *Adolf Hitler. A family perspective.* Nova York, 1978.
Stoakes, G. *Hitler and the quest for world dominion.* Leamington Spa, 1987.
Stone, N. *Hitler.* Londres, 1980.
Strawson, J. *Hitler as a military commander.* Londres, 1971.
Szejnmann, C.-C. *Nazism in central Germany.* Oxford, 1998.
Toland, J. *Adolf Hitler.* Nova York, 1976.
Trevor-Roper, H.R. *The last days of Hitler.* Londres, 1947.
Turner, H.A. *Big business and the rise of Hitler.* Oxford, 1985.
—— (ed.). *Nazism and the Third Reich.* Nova York, 1972.
Unger, A.H. *The totalitarian party.* Cambridge, 1974.
Waite, R.G.C. *Hitler. The psychopathic god.* Nova York, 1977.
Weinberg, G. *Germany, Hitler and World War II.* Cambridge, 1995.
Weindling, P. *Health, race and German politics.* Cambridge, 1989.
Welch, D. *Propaganda and the German cinema.* Londres, 1983.
—— (ed.). *Nazi propaganda.* Londres, 1988.
—— *The Third Reich.* Londres, 1993.
—— *Hitler.* Londres, 1998.
Wheeler-Bennett, J.W. *The nemesis of power.* Londres, 1953.
Woolf, S. *European fascism.* Londres, 1968a.
—— (ed.). *The nature of fascism.* Londres, 1968b.
Zeman, Z.A.B. *Nazi propaganda.* Oxford, 1964.
Zentner, C. e Beduerfnis, F. *The encyclopedia of the Third Reich.* Da Capo, Penn., 1997.

IMPRESSÃO E ACABAMENTO:

YANGRAF Fone/Fax: 2095-7722

www.yangraf.com.br